Além do que se Vê

Eminente Ir∴ Cláudio Roque Buono Ferreira
*Grão-Mestre Geral Adjunto do Grande
Oriente do Brasil (GOB)*

Poderoso Ir∴ Wagner Veneziani Costa
*Secretário Geral de Educação e Cultura Maçônicas do
Grande Oriente do Brasil (GOB)*

Além do que se Vê

MADRAS®

© 2011, Madras Editora Ltda.

Editor:
Wagner Veneziani Costa

Produção e Capa:
Equipe Técnica Madras

Revisão:
Horácio Menegat
Carlos Brasílio Conte

Dados Internacionais de Catalogação na Publicação (CIP)
(Câmara Brasileira do Livro, SP, Brasil)

Ferreira, Cláudio Roque Buono
Além do que se vê / Cláudio Roque Buono Ferreira, Wagner Veneziani Costa. — 16. ed. —
São Paulo : Madras, 2011.
ISBN 978-85-370-0213-1
1. Canalização (Física) 2. Maçonaria 3. Metáfora I. Costa, Wagner Veneziani. II. Título.
07-2289 CDD-808

Índices para catálogo sistemático:
1. Metáfora : Retórica 808

Proibida a reprodução total ou parcial desta obra, de qualquer forma ou por qualquer meio eletrônico, mecânico, inclusive por meio de processos xerográficos, incluindo ainda o uso da internet, sem a permissão expressa da Madras Editora, na pessoa de seu editor (Lei nº 9.610, de 19.2.98).

Todos os direitos desta edição reservados pela

MADRAS EDITORA LTDA.
Rua Paulo Gonçalves, 88 — Santana
Cep: 02403-020 — São Paulo/SP
Caixa Postal 12183 — CEP 02013-970 — SP
Tel. (11) 2281-5555 — Fax (11) 2959-3090
www.madras.com.br

Índice

Dedicatória	9
Agradecimentos	11
Homenagem	13
Apresentação	15
Prefácio	19
Introdução	23
Seja instrumento do trabalho maior	25
Abra teus olhos	25
Conscientize-se dos seus atos	26
Lembranças	26
Pedras grandes	27
Pense grandiosamente	28
Saiba como agir	28
Quer reformatar seu computador?	29
Paciência é uma chave preciosa	30
Pratique a moderação	30
Instalando um programa	31
Trabalhe com o coração	33
Abra seus ouvidos	33
Ilumina teus pensamentos	34
Mensageiros da luz	34
A diferença	35
O milagre do perdão	36
Abra teu coração	37
Comunicação eficaz	38
A águia e as galinhas	39
A ambição	40
A caridade	41
Assim nasceu Zen	42
Confie no seu potencial divino	43
Para que serve a abertura	44
Proteção luminosa	44
Verdadeiros amigos	45

6 Além do que se vê

Atitude é tudo 46
Divina sintonia 48
A bengala 48
Coloque-se no comando 49
Alcance a tua estrela 50
Não se mostre desesperançado 51
Siga em frente 51
Exemplo de criança 52
Lembre-se do principal 53
Cuide da natureza 54
Cuide da sua própria natureza 56
O que se passa em tua mente 58
Mudanças 59
A arte de comunicar 59
Sabes por que estás aqui? 60
Raios de luz pairam sobre ti 61
Afaste-se da negatividade 62
Você é a presença de Deus 63
Lição de vida 64
Soldado japonês 65
O monge e o escorpião 66
Os mantras 67
Peça por novos conhecimentos 70
Medite com as energias luminosas 71
A vaquinha 73
O sucesso é ser feliz 74
Procure novos conhecimentos 75
O purgatório e o paraíso 76
A poderosa energia que vos movimenta é o amor 77
O Vendedor 78
Aprenda a usar sua energia 79
Acredite no poder do amor 83
As duas vizinhas 84
Nó górdio 85
Trem da vida 86
Trabalhe 87
Junte-se aos seus 88
Cuide-se 88
Uma lição para meditar 89
Compreenda o que lhe é dito 90

Índice

Os dois vendedores	91
Siga o seu coração	92
O acaso e a coincidência	93
Seja um voluntário	93
O caldeireiro	94
Hospital do Senhor	95
Mudança de paradigmas	96
O anel	97
Barulho de carroça	99
Eu não sou Jesus!	100
Olimpíadas especiais	101
A visão das coisas	102
As coisas sempre foram assim	103
Gratidão	104
Ensinamentos	105
Basta somente crer	106
A criança é como o Sol	106
A arte de Deus	107
A lição do bambu chinês	108
A importância universal de cada um	109
O cristal de rocha	110
Uma história do Talmude	111
O homem que não se irritava	112
Bodas de ouro	113
O homem é fruto de si mesmo	114
A importância do perdão	115
Mendigos e trabalhadores	116
Comande o seu destino	117
O segredo do poder sobre os estados de espírito	120
A mudança	121
Ponto de vista	122
Luz	123
História de Mushkil Gusha	124
O olho	130
As três peneiras de Sócrates	131
Pegadas na areia	132
A "cabeça de deus"	133
O amor vence sempre	134
Ao homem, o que lhe compete	135

8 Além do que se vê

Cicatrizes 136
O que é meditação? 137
Uma nova chance 138
A hospedaria 139
Três árvores sonhadoras 140
O êxtase da oração 141
Força de vontade 142
O poder da imaginação 143
A nota de 100 reais 144
Tarefa para sábios 145
A fruta do céu 146
Dois lados 147
Sorria 149
Ajmal Hussein e os eruditos 150
Aparências 151
Os pássaros 152
Dois amigos 155
Deus escreve certo por linhas tortas... 156
Reconhecimentos 157
Adentrando as mentes 158
Vida 160
Um homem e meio 161
A história do santo e do falcão 162
O olhar do poder 163
As coisas em ordem 166
Como se tornar 167
Sintonia 168
Flores raras 169
O eterno descontente 170
Há sempre uma esperança 171
Lição de vida 172
O eterno companheiro 173
O fazendeiro e o cavalo 174
Preciso de alguém 175
Tratamento 176
Uma alegoria hindu 178
Uma história de amor 179
Palavras finais 180
Sobre os Autores 181

Dedicatória

Dedicamos esta obra a todos os IIr∴ da Maçonaria Universal, na pessoa do Soberano Grão-Mestre do Grande Oriente do Brasil, Marcos José da Silva.

Cláudio Roque Buono Ferreira
Wagner Veneziani Costa

Agradecimentos

Agradecemos todos os Maçons Regulares, independentemente da Obediência maçônica a que pertençam.

Cláudio Roque Buono Ferreira
Wagner Veneziani Costa

Homenagem

Homenageamos todos os Irmãos dos Graus Filosóficos, na pessoa do Sob∴ Enyr de Jesus da Costa e Silva, 33°, Soberano Comendador do Supremo Conselho do Brasil do Grau 33 para o R∴E∴A∴A∴.

Cláudio Roque Buono Ferreira
Wagner Veneziani Costa

Quem semeia um pensamento hoje,
colhe uma ação amanhã,
um hábito depois de amanhã,
um caráter mais tarde e,
finalmente, um destino; por isso
é preciso refletir sobre o que
se semeia hoje
e saber que o próprio destino
está nas mãos de cada um:
hoje!

(Gottfried Keller)

Apresentação

"Você faz suas esclhas e suas escolhas fazem você."
Steve Beckman

Trabalhar bem é viver bem. E isso, sem sombra de dúvida, é saber plantar e colher além do que a vida nos proporciona.

O que pretendemos com esta obra é transmitir um pouco de luz, instruídos pelos Supremos Mistérios, que para muitos permanecem velados. Trata-se de um trabalho composto, alternando, pesquisa (sufis, metáforas, mensagens), a criatividade e vivência que somamos através do tempo de estudos...

Selecionamos algumas metáforas a fim de despertar novas possibilidades, na medida das ligações que fazemos entre a metáfora e a situação real. Há milhares de anos, esse tipo de construção tem sido usado para ensinar, inspirando por meio de "sufis", milhares de pessoas. Estudamos casos de muito sucesso e até mesmo de cura. A metáfora vem constituindo-se um precioso recurso utilizado pela Programação NeuroLinguística (PNL) nas áreas que envolvem comunicação entre duas ou mais pessoas, a exemplo da psicoterapia, em negócios, na educação, etc.

Obviamente, o que esta obra propõe é levar um certo número de histórias, oferecendo diferentes alternativas de ação, visto que a metáfora mexe com o inconsciente da pessoa, como vemos na mensagem a seguir:

"Um membro de um determinado grupo para o qual prestava serviços frequentemente, sem nenhum aviso, deixou de participar das atividades.

Algumas semanas depois, o líder do grupo resolveu fazer-lhe uma visita. A noite estava muito fria. O líder encontrou o homem em casa sozinho, sentado diante de um reluzente fogo. Supondo o motivo da visita, o homem deu as boas-vindas ao visitante e a seguir conduziu-o a uma grande cadeira que estava próxima da lareira, permanecendo em silêncio. O líder se fez confortável, mas não disse nada. No ambiente de quietude, contemplou a dança das chamas em torno da lenha ardente.

Passados alguns minutos, o líder examinou as brasas, apanhou cuidadosamente uma brasa ardente e deixou-a de lado. Logo após voltou a sentar-se e permaneceu silencioso e imóvel.

O anfitrião prestou atenção a tudo, fascinado e quieto. A chama da solitária brasa diminuiu gradativamente, houve um brilho momentâneo e seu fogo apagou definitivamente. Logo estava fria e morta. Nenhuma palavra havia sido proferida desde o cumprimento inicial. O líder, antes de se preparar para sair, recolheu a brasa fria e inoperante e colocou-a novamente na fogueira. Prontamente, a brasa começou a incandescer, uma vez mais com a luz e o calor dos carvões ardentes em torno dela.

Tão logo o líder alcançou a porta para partir, seu anfitrião disse: 'Obrigado, tanto por sua visita quanto pelo sermão. Estou voltando ao convívio do grupo'".

Não podemos deixar de citar grandes Avatares como Krishna, Buda, Maomé, Moisés, Cristo, entre tantos outros mestres a exemplo de Osho, Papus, Saint Germain, El Moria, Cagliostro, Gurdjieff, Sathya Sai Baba, Helena P. Blavatsky, Dante Aleghieri, Paracelso, Laotsé, Rudolf Steiner, Eliphas Levi, Aleister Crowley, Cornelius Agrippa, Hipócrates, Fulcanelli, Babaji, Nicolas Flamel, Lakshmi, P. Yogananda, entre tantos outros fundadores de grandes doutrinas, que ensinaram seus seguidores por meio de metáforas e simbolismo. E cada uma delas tinha um propósito certo: tratar dos problemas da Humanidade, além de serem atemporais.

Temos também a certeza de estar levando a todos que buscam (buscadores) e que não sabem por onde começar, um pouco do que cada mestre deixou.

"Busque a excelência constantemente, não apenas em um aspecto da vida."

"Não quer errar? Não faça. Não quer perder? Não jogue."

Não temos pretensão, em absoluto, de dizer que tudo aqui é fruto do nosso conhecimento, embora grande parte das metáforas seja fruto de nossa criação. Procuramos citar as fontes das mensagens. Somente não o fizemos àquelas que não encontramos a origem. Elucidamos, porém, o caminho da transformação, mostrando com simplicidade algumas partes que poderão motivar as pessoas, sejam dessa nossa grande família ou até mesmo do mundo profano. Acreditamos que todo esforço sincero nos aproxima de nossa meta. Somos conscientes de nossa própria ignorância e repelimos os conhecimentos que julgamos possuir e nos habilitamos para aprender o que desejamos saber.

Em alguns trechos da obra, o amigo e Irmão poderá perceber que foram propostos alguns enigmas a fim de despertar suas faculdades intuitivas, posto que, antes de tudo, devemos respeitar nossa intuição, sempre.

Aprenda a olhar com igualdade todos com quem convive. A indiferença é uma coisa criada por uma sociedade imatura, que não consegue viver com a diversidade. Não nos esqueçamos nunca de que somos luzes. Busque o controle de suas palavras e lembre-se de que a maior sabedoria encontra-se no silêncio. Equilibre suas atitudes. Plante ao seu redor sementes de otimismo, abundância e bondade para que você possa colher os frutos do amor e da felicidade.

Queremos compartilhar nossa alegria com nossos leitores, pois *Além do que se Vê* conquistou a marca de mais de 50 mil exemplares vendidos, o que, no Brasil e em outros países, já é considerado um *best-seller*. Nossa mensagem chegará, em breve, aos leitores de nações como Espanha, Itália, Eslováquia, Inglaterra e Estados Unidos, o que, para nós, também é motivo de plena satisfação, porque mais pessoas receberão a luz que dela emana por meio das metáforas que sempre têm algo a nos oferecer para nosso crescimento pessoal e espiritual.

Temos certeza de que, independentemente do grau ou da Obediência, este livro será útil a todas as pessoas que queiram crescer, mudar, progredir e, principalmente, aprender!

Somos Todos Um, Um por Todos e Todos por Um!

Eminente Ir∴ Cláudio Roque Buono Ferreira
Grão-Mestre Geral Adjunto do
Grande Oriente do Brasil (GOB)

Poderoso Ir∴ Wagner Veneziani Costa
Secretário Geral de Educação e
Cultura Maçônicas do GOB

Prefácio

As únicas pessoas que realmente mudaram a história foram as que mudaram o pensamento dos homens a respeito de si mesmos."

Malcom X

Tropo (emprego de palavra ou expressão em sentido figurado) que consiste na transferência de uma palavra para um âmbito semântico que não é o do objeto que ela designa, e que se fundamenta numa relação de semelhança subentendida entre o sentido próprio e o figurado. Por metáfora, chama-se raposa a uma pessoa astuta, ou se designa a juventude, como primavera da vida. Essa é a explicação que encontramos nos conceituados dicionários brasileiros para explicar a palavra metáfora.

Uma metáfora pode ser apresentada em forma de uma história ou apenas por uma frase, composta de mensagens conscientes ou superficiais, inconscientes ou profundas.

O uso da metáfora vem sendo amplamente difundido em muitas abordagens psicoterapeutas, com um papel significativo como ponte de comunicação entre o profissional e seu paciente, pois, muitas vezes, numa conversa informal é mais difícil encontrar uma palavra para expressar um sentimento ou uma emoção e, por meio da analogia (metáfora), esse processo torna-se favorável à situação.

Segundo estudiosos, essa é uma forma de programação muito poderosa, pois vai diretamente ao inconsciente. Isto significa que ao ouvir uma metáfora, uma parte de nós, o nosso consciente, estará ocupada em interpretar o conteúdo superficial, e para isso usará processos lógicos, ou seja, racionais. A outra parte, que é o nosso inconsciente, receberá uma mensagem que nos mobilizará num nível mais profundo, em que uma mensagem toca o nosso coração, ou nos dá "uma luz", a qual ampliará nossa compreensão.

Essa Luz é o que os autores propõem trazer aos leitores para que possam visualizar o que está Além do que se Vê. Um deles já escreveu mais de 32 obras literárias com temas relativos a direito, negócios, ocultismo, misticismo, religião, maçonaria, esoterismo e espiritualidade; é bacharel em Direito e é jornalista (MTB 35032). O outro é médico. Um já chegou ao ápice da pirâmide, o outro está fazendo essa jornada. Um já visualizou a Luz, o outro, em seu grau evolutivo, sabe que a Luz é possível de ser visualizada.

Alguns dos temas motivacionais aqui apresentados muitos de vocês já devem ter lido, visto ou ouvido; outros são inéditos, escritos, organizados e compilados com amor e competência pelos autores, que dão à luz este trabalho em um momento de muita importância para a Humanidade em sua busca infinita por algo que a eleve espiritualmente. Os trabalhos que se referem ao amor foram canalizados.

Estamos certos de que o enigma proposto pelos autores nas metáforas aqui apresentadas é o de que cada um encontre sua própria Luz e siga seu caminho com mais entusiasmo, confiança e determinação.

Portanto, a metáfora permite ao leitor desvendar o seu próprio mistério, encontrar dentro de si a sua própria mensagem ou interpretação. Desse modo, vai descobrindo aquilo que tem de melhor em seu Ser e que os próprios olhos não lhe permitem vislumbrar, pois geralmente vê no espelho apenas o reflexo exterior, quando, na verdade, o que há de melhor está oculto no Templo Sagrado chamado coração.

Por isso, é importante voltar-se cada vez mais para a busca do Sagrado dentro de si mesmo, dialogar com a sua divindade, e esta lhe permitirá encontrar todas as respostas às suas mais difíceis indagações. Partindo desse princípio, a pessoa percebe que na verdade não existem mistérios, mas sim apenas uma metáfora a ser interpretada na jornada da vida, a qual se manifesta pelas diversas situações que vivenciamos no dia a dia.

É importante ao ser humano permitir esse encontro sublime, para que possa ver além do que a visão material consegue enxergar, fazendo com que os véus caiam e que o Olho-que-tudo-vê lhe amplie o sentido da visão, para ver o que está além do horizonte.

Neste momento, portanto, esta obra vem à luz como uma grande contribuição aos leitores, que independentemente do grau em que se encontram poderão vislumbrar ensinamentos profundos que os ajudarão em todos os momentos obscuros da vida profana e os iluminarão cada vez mais na vivência do sagrado.

Não poderia encerrar este prefácio sem antes dizer que me sinto muito honrado em ter os dois autores atuantes no Grande Oriente do Brasil; o Cláudio Roque Buono Ferreira como meu Grão-Mestre Adjunto, e o Wagner Veneziani Costa como Secretário Geral de Educação e Cultura Maçônicas do GOB (gestão 2008-2013). Só posso dizer que ambos são extremamente competentes, tanto como escritores quanto no trabalho da nossa Sublime Ordem.

Portanto, certamente o leitor tem em mãos um trabalho de alta qualidade. Desejo que esta leitura possa ser um farol a iluminar a sua trajetória, para que possam vislumbrar Além do que se Vê!

Marcos José da Silva
Grão-Mestre Geral do
Grande Oriente do Brasil (GOB)

Introdução

O que vamos transmitir-lhes são breves mensagens para que as distribua entre os seres da Terra.

São mensagens de otimismo e sabedoria — o que vocês necessitam nesse instante, pois é a única forma de atravessarem com Luz esse momento de transformação. É preciso muita Luz, pois a batalha será árdua.

Estamos inteiramente voltados ao envio de vibrações de abundância para vocês, a estimulá-los a prosseguir, a evitar a perda dos que estão prontos para ascensionar e que poderão se perder por questões materiais.

Nosso trabalho é fazer soar bem alto a trombeta do chamado e fazer com que todos a escutem. Não só a escutem, mas também a sigam, pois ela os levará àquilo que tanto esperam, que é a ascensão ao novo nível evolutivo.

Muito temos a vos dizer e procuramos fazê-lo em muitas oportunidades.

Muitos canais estão sendo abertos e isso nos alegra.

O motivo de nossa alegria é perceber que somos abençoados pela estrela do Eu Sou, a existência do verdadeiro Eu Superior, acima de todas as ilusões. O Logos Solar de todas as dimensões da existência voltando ao próprio coração de TUDO QUE É, despertando na humanidade a unidade de consciência.

Estejam certos de que, enquanto o Amor Divino e a Suprema Harmonia abraçarem cada um de vocês, vocês serão elevados e verão com novos olhos a liberdade das ilusões e sentirão que são seres ilimitados, com poder dinâmico da Divina Presença do Eu Sou.

À medida que se integrarem nesta Luz, vocês se tornarão autogeradores de Luz, banhando os seus semelhantes de esperança e paz.

Venham até nós, atendam ao chamado. Tragam outros com vocês. A nova família será mais feliz, terá mais amor, menos problemas, mais consciência, menos individualidade, mais coletividade, menos egoísmo... enfim, terão a oportunidade de comprovar tudo isso! Deixamo-vos nossas mensagens. Nós, iluminados por *Phosphóros*, as dirijimos a vós e, em nome de todos, as enviamos com muito amor.

Com a Luz do Amor Estelar deixamos nossas palavras.

Que Elas Brilhem para Vós.

Um Tríplice e Fraternal Abraço do Verdadeiro Portador da Luz!

E no final, Somos apenas Um!

Seja instrumento do trabalho maior

Não permita que desafetos invadam seu coração. Plante nele o amor, sinta o amor, deixe o amor jorrar por seus poros. Assim todos verão a sua luz e se beneficiarão com ela, e estará trabalhando pelo amor na Terra.

Abra teus olhos

Olhe ao redor. Veja tudo o que acontece. Acredite na realidade em que vives, mas acredite também no que está por trás e além dela. Acredite no que os teus olhos veem, e também no que só os teus olhos interiores podem ver neste momento. Acreditamos que em breve essa luz interior dos teus olhos poderá ser projetada indiferentemente, para dentro e para fora.

O que hoje faz parte de um plano que tu acessas de outras formas, por meio da meditação, dos teus exercícios respiratórios, enfim aqueles planos aos quais te elevas, em breve farão parte do teu dia a dia; em breve serão a mesma coisa para ti. Aí, teus olhos verão tudo com a mesma plástica e maravilhosa capacidade de olhar e ver por dentro e por fora de tudo; o interior mais profundo e as verdades escondidas em cada célula formadora de cada coisa. A memória dos tempos e da natureza estará ao alcance dos teus olhos.

Por ora, abra teus olhos e olhe, para fora e para dentro, como se quisesses dissecar as coisas. Vá aprendendo, exercite o teu olhar, esforça-te para, ainda neste plano, enxergar além daquilo para o que teus olhos estão capacitados momentaneamente.

Conscientize-se dos seus atos

Expulse as asperezas da sua boca. Não deixe que ela pronuncie qualquer palavra que possa ofender. Palavras, quando faladas, são mantras, criam e movimentam formas, e serás o alvo do amor que sua boca colocar em ação, assim como de seu veneno. Cuide-se antes de mais nada.

Lembranças

Um velho sábio chinês estava caminhando por um campo de neve quando viu uma mulher chorando. Dirigiu-se a ela e perguntou:
— "Por que choras?"
— Porque estou me lembrando do passado, da minha juventude, da beleza que via no espelho... Deus foi cruel comigo trazendo-me estas recordações. Ele sabia que, ao lembrar a primavera da minha vida, sofreria e acabaria chorando.
O sábio, então, silenciosamente, ficou contemplando o campo de neve, com o olhar fixo em determinado ponto... A mulher, intrigada com aquela atitude, parou de chorar e perguntou:
— "O que estás vendo aí?"
— Vejo um campo florido — respondeu o sábio. — Deus foi bondoso comigo por fazer-me lembrar. Ele sabia que, no inverno, eu poderia sempre recordar a primavera e sorrir.

Pedras grandes

Um professor de ciências queria demonstrar um conceito a seus alunos. Pegou um vaso de boca larga e colocou algumas pedras em seu interior. Depois perguntou à classe:
— O que acham, está cheio?
Uníssonos, os estudantes responderam:
— Sim!
O professor pegou um balde contendo pedregulhos e entornou o conteúdo dentro do vaso. As pequenas pedras alojaram-se nos espaços entre as rochas grandes. Novamente o professor perguntou aos alunos:
— E agora, está repleto?
Desta vez, alguns estavam em dúvida, mas a maioria respondeu:
— Sim!
O professor, porém, levou uma lata repleta de areia e começou a derramá-la dentro do vaso. O mineral preencheu os espaços que havia entre os pedregulhos, e pela terceira vez, indagou:
— Então, o que acham, está cheio?
Agora a maioria estava receosa, mas, novamente, diversos responderam:
— Sim!
O professor mandou buscar um jarro de água e jogou o líquido dentro do vaso. Ao que a água saturou a areia. Nesse ponto, o professor perguntou à classe:
— Qual o objetivo dessa demonstração?
Um jovem e notável aluno levantou a mão e respondeu:
— Não importa quanto a "agenda" da vida de uma pessoa esteja cheia, ela sempre conseguirá "espremer" dentro mais coisas!
— Não! — respondeu o professor. — A questão é a seguinte: a menos que você coloque as pedras grandes em primeiro lugar dentro do vaso, nunca mais conseguirá colocá-las lá dentro. As pedras grandes são as coisas importantes de sua vida: seu relacionamento com Deus, sua família, seus amigos, seu crescimento pessoal e profissional. Se você preencher sua vida somente com coisas pequenas, como demonstrei com os pedregulhos, com a areia e com a água, as coisas realmente importantes nunca terão tempo nem espaço em sua vida.

Pense grandiosamente

Coloque pureza e inteligência em seus pensamentos. Não pense que esse dom é para poucos. Descubra-o em ti, se acaso tens alguma dúvida de que o possui, e cuide para que ele produza coisas boas. Bons pensamentos produzem boas palavras, que produzem boas ações e que resultam em harmonia. Bons pensamentos levam ao equilíbrio e à sintonia com os planos mais elevados, donde poderás extrair mais sabedoria e formas de melhor utilizar a tua inteligência. Ela te foi concedida para que a explores. Faça-o como um aprendiz e, depois, como um mestre.

Saiba como agir

Não te aflijas com as dores do mundo. Se elas não acontecem contigo é porque não são para ti. Aqueles que hoje passam por privações e dores, certamente estão passando exatamente pelo processo de que necessitam. Ajuda no que puderes. Seja cordial e prestativo com seus irmãos. Seja um auxiliar atuante em tudo o que estiver ao teu alcance, mas não sofras com a dor que está destinada aos outros. Assim de nada estarás ajudando àquele que sofre e estarás atraindo parte do sofrimento dele. Isto não é bom. Consumirás tua energia. Use-a de forma melhor. Se estiveres atento e com boa vontade, saberás a melhor forma de agir.

Quer reformatar seu computador?

Dê um Clique duplo neste ano!
Arraste Jesus para o seu Diretório Principal.
Salve-o em todos os seus Arquivos Pessoais.
Selecione-o como seu Documento Mestre.
Que Ele venha a ser o seu Modelo.

Se quer Formatar sua vida:
Justifique-a e Alinhe-a
Para a Direita e para a Esquerda,
Sem Quebras em sua jornada.
Que Jesus não seja simplesmente
Um Ícone, um Acessório,
Uma Ferramenta, um Rodapé, mas o Cabeçalho,
A Letra Capitular, a Barra de Rolagem de seu dia a dia.
Que Ele possa ser a Fonte da graça
Para sua Área de Trabalho,
O *Paint* para Colorir seu sorriso,
A Configuração de sua simpatia,
A nova Janela para Visualizar
O tamanho de seu amor,
O Painel de Controle
Para Cancelar seus Recuos,
Compartilhar seus Recursos e
Acessar o coração de suas amizades...
Copie tudo o que é bom e
Delete seus Erros.

Abra as Bordas de seu coração,
Remova dele o Vírus do egoísmo.
Antes de Fechar,
Coloque Jesus em seus Favoritos,
Clique em OK
Para Atualizar seu Banco de Dados!

Paciência é uma chave preciosa

Tenha paciência e saiba esperar. Tudo tem seu tempo. Nada acontece antes e nem depois, e muito menos por acaso. Teu momento se aproxima. Ore por ele, peça por ele, chame pelo momento de enxergar a luz. Mas paciência, na Terra, não se resume a isso. Tê-la é tornar-te receptivo ao próximo, respeitar o ritmo de tudo e de todos, saber conduzir-te dentro das leis naturais e universais.

Pratique a moderação

O que tens em mente que seja a moderação? Ter bons hábitos, pensar antes de falar, medir os teus atos e gestos? Sim. Moderação é tudo isso e um pouco além disso. Moderação é aquela qualidade intrínseca do ser humano que lhe permite colocar a consciência antes de cada atitude, de cada palavra, de cada pensamento, de cada coisa que faça ou vá fazer. A moderação é uma qualidade básica do ser pensante, que tem domínio de seu pensamento através da consciência que vai adquirindo por meio de sucessivas experiências nesse plano material mais denso, que é a Terra. A moderação faz parte de tua natureza. Descubra-a e pratique-a.

Além do que se vê

Instalando um programa

Num departamento de Atendimento ao Cliente...
Atendente: — Bom dia, senhora. Posso ajudá-la?
Cliente: — Comprei um programa em sua empresa, o AMOR, mas não consigo instalá-lo. Não sou técnica no assunto, mas acho que posso fazê-lo com a sua ajuda. O que devo fazer primeiro?
Atendente: — O primeiro passo é abrir o seu Coração. A senhora já o encontrou?
Cliente: — Sim, achei. Mas há vários programas funcionando. Tem algum problema em instalar o AMOR enquanto outros programas estão sendo executados?
Atendente: — Que programas são esses, senhora?
Cliente: — Deixe-me ver... Tenho BAIXAESTIMA.EXE, RESSENTIMENTO.COM, ODIO.EXE e RANCOR.EXE sendo executados agora.
Atendente: — Não há problema algum. O AMOR deletará automaticamente RANCOR.EXE do seu sistema operacional atual. Pode até mesmo ficar em sua memória permanente, mas não vai ocasionar problemas por muito tempo aos outros programas. O AMOR reescreverá BAIXAESTIMA.EXE em uma versão mais atual, denominada AUTOESTIMA.EXE. A senhora, porém, precisa desligar completamente ODIO.EXE e RESSENTIMENTO.COM. Esses programas impedem que o AMOR seja instalado corretamente. A senhora pode desligá-los?
Cliente: — Não sei como proceder. Você pode me dizer como?
Atendente: — Com prazer! Vá ao Menu e clique em PERDAO.EXE. Faça isso quantas vezes for necessário, até que o ODIO.EXE e RESSENTIMENTO.COM sejam apagados completamente.
Cliente: — OK. Terminei. O AMOR começou a instalar-se automaticamente. Isso é normal?
Atendente: — Sim! A senhora receberá uma mensagem dizendo que reinstalará a vida de seu CORAÇÃO. A senhora tem essa mensagem?
Cliente: — Sim, tenho. Está completamente instalado?

Atendente: — Sim. Mas lembre-se: a senhora possui apenas o programa de modelo básico. É preciso que comece a conectar-se com outros CORAÇÕES a fim de obter melhorias.
Cliente: — Oh! Meu Deus! Já surgiu uma mensagem de erro. O que devo fazer?
Atendente: — O que diz a mensagem?
Cliente: — ERRO 412 — O PROGRAMA NÃO FUNCIONA EM COMPONENTES INTERNOS. O que isso quer dizer?
Atendente: — Não se preocupe. Este é um problema comum. Significa que o programa do AMOR está ajustado para funcionar em CORAÇÕES externos, mas ainda não está funcionando em seu CORAÇÃO. É uma daquelas complicadas coisas de programação, mas em termos não técnicos quer dizer que a senhora tem de AMAR sua própria máquina antes que possa amar outra.
Cliente: — Então, o que devo fazer?
Atendente: — A senhora pode achar o diretório chamado AUTOACEITAÇÃO?
Cliente: — Sim, encontrei.
Atendente: — Excelente! A senhora está pegando prática nisso!
Cliente: — Obrigada!
Atendente: — Muito bem, agora faça o seguinte: clique nos arquivos BONDADE.DOC, AUTOESTIMA.TXT, VALORIZE-SE.EXE, PERDÃO.DOC e copie para o diretório MEU CORAÇÃO. O sistema reescreverá todos os arquivos em conflito e começará a consertar a programação defeituosa. A senhora também precisa apagar AUTOCRITICA.EXE de todos os diretórios e depois esvaziar a sua lixeira para certificar-se de que nunca voltem.
Cliente: — Consegui! Meu CORAÇÃO está cheio de arquivos realmente puros! Tenho no meu monitor, agora, o SORRISO.MPG e está mostrando que PAZ.EXE, CONTENTAMENTO.COM e BONDADE.COM foram instalados automaticamente no meu CORAÇÃO.
Atendente: — Então, terminamos! O AMOR está instalado e funcionando. Ah! Mais uma coisa antes de eu ir: o AMOR é um *freeware* (programa grátis). Faça o possível para distribuir uma cópia de seus vários modelos a quem encontrar e, dessa forma, a senhora receberá de volta dessas pessoas novos modelos verdadeiramente puros.
Cliente: — Obrigada por sua ajuda!

Atendente: — Que tal agora fazer um *up-grade* no seu coração e colocar uma versão mais moderna do AMOR? Não perca tempo, pois a senhora deve saber que essas coisas precisam ser atualizadas quase que diariamente.

Trabalhe com o coração

Tudo o que é feito de boa vontade é feito com o coração e vice-versa. O coração é a mola-chave da boa vontade. Boa vontade para com os outros é muito digno, mas para tê-la, antes de mais nada, tenha boa vontade para consigo. Tenha bons olhos para olhar para si, para enxergar seus erros, seus defeitos, para perdoá-los, para permitir-se errar e para poder corrigir-se.

Abra seus ouvidos

Ouça. Tudo o que se fala hoje em dia é muito concreto e muito real. Ouça bem e não deixe que outros venham lhe falar as coisas que você já conseguiu ouvir por sua voz interior, aquela que você reluta em querer ouvir e faz-de-conta que não está falando. É tempo de ouvir cada sílaba que ela lhe pronunciar. Essas vozes internas estão cada vez mais ativas e cada vez mais precisando se expressar. Quem, senão você, poderá ouvi-la se ela brota do fundo do seu coração?

Ilumina teus pensamentos

Luz é onde não há trevas. Tua consciência é luz e, portanto, no teu universo pessoal (aquele que a tua consciência dita) não há espaço para as sombras, pois ele em si é a própria luz. Quando pensamentos esparsos te invadem a mente e te colocam face a face com o lado escuro e sombrio do que quer que seja, joga a luz da consciência sobre esses pensamentos, ilumina-os e enxerga-os como eles verdadeiramente são. Verás que não são tão assombrosos assim. Verás que a luz lhes dá novos contornos, com os quais saberás lidar, pois não mais estarás no escuro, não mais estarás agindo às cegas. Os pensamentos veem, mas tu podes vê-los claramente. Se for preciso, se não te servirem, descarta-os.

Mensageiros da luz

Quem senão tu és o mensageiro da luz neste planeta? Quem senão a pessoa que está ao teu lado? Somos nós, são vocês, são os seres que foram iluminados com a Luz Divina, com a Centelha da Divina Chama e que estão encarregados de expandi-la até torná-la uma só Chama, uma só Fonte Luminosa, expandindo luz na forma do mais puro amor, que, afinal, é no que tudo se transforma: luz em amor e amor em luz.

Tudo é a mesma energia, a mola-mestra de toda essa engrenagem cósmica, de todo esse aparato que estamos todos tentando compreender. Somos, sim, os mensageiros da luz. Tu és um deles. Expanda tua luz, ilumina o outro, vá transmitindo uma corrente luminosa até que ela possa circundar todo esse vasto planeta.

A diferença

... Isto me trouxe uma lembrança... de quando eu era menino. Houve uma tempestade e milhares de estrelas-do-mar foram lançadas na praia. Uma linda menina pegava as estrelas-do-mar... e as jogava de volta ao mar. Perguntei-lhe:
— Por que fez isso? Você conseguirá salvar apenas algumas estrelas. Que diferença faz?
Ela olhou para mim e disse:
— Para aquela ali faz diferença.
Ela fez uma diferença ali, para aquela estrela-do-mar. Fez diferença para ela porque estava conectada com outro ser. A vida é constituída de conexões. Somente estamos vivos quando nos conectamos.
A mente é semelhante a um paraquedas, só funciona quando aberta.

Extraído da fita de vídeo Santo Homem. Lorde Thomas Dewar.

O milagre do perdão

Perdoar é uma palavra que opera verdadeiros milagres. Saiba perdoar. Pratique a cada dia o exercício do perdão. Comece por perdoar a si próprio e uma enorme carga já lhe sairá de cima dos ombros. Mas o que é perdoar a si próprio? Você tem noção do tamanho das culpas que carrega no fundo do seu coração? Você tem ideia de tudo o que o seu átomo permanente, aquele que passou por todas as experiências e se recorda de tudo, traz impresso e do quanto isso lhe incomoda, por menos que você tenha lembrança de alguma coisa?

Mas então, você deve perguntar, como vou poder me perdoar do que nem me lembro? É isso mesmo.

Traga à tona todos os seus sentimentos de culpa, todos os seus medos, todas as suas infundadas angústias. Procure na matéria, nesta sua vida atual, pontos que justifiquem a existência de qualquer um deles. Se encontrar, identifique as pessoas envolvidas e mentalize cada uma delas, envolva-as, com você, primeiro em uma vibrante luz violeta, pedindo-lhe que dissolva e transmute todos os vestígios de sentimentos negativos ou perturbadores existentes entre vocês, depois envolva-as, inclusive a você, em uma poderosa e purificadora luz branca. Vá, aos poucos, sentindo essa luz transformar-se em cor-de-rosa e deixe a vibração do amor unir vocês. Quando estiver sentindo o mais profundo amor por todos os que estiverem presentes nesse seu exercício, peça-lhes perdão por tudo o que você possa ter-lhes feito e peça perdão a si mesmo por ter se permitido tais atitudes. Em seguida, agradeça às pessoas por terem servido a esse seu aprendizado, agradeça a si mesmo a oportunidade de estar identificando e reconhecendo esse aprendizado, e com toda a autoridade da sua Presença Divina, abençoe a todos e libere a todos de qualquer futuro envolvimento com você relativamente ao fato que você está "limpando" dos seus arquivos. Deixe claro que qualquer continuidade no relacionamento com aquelas pessoas será única e exclusivamente por amor, para um novo crescimento, pois a etapa anterior já está superada.

Programe-se para ir fazendo esse exercício do perdão, que traz junto o do agradecimento, e vá diluindo e transmutando os seus carmas, de uma forma que agora, ainda nesta vida, você possa usufruir da lição que ele quis lhe ensinar. Essa transmutação só é possível pelo perdão.

Abra teu coração

Teu coração! Este sim merece toda a tua melhor atenção. Teu coração é a sede do teu átomo permanente, daquela centelha que te foi confiada muito tempo atrás, a ti e a cada um dos habitantes da Terra, e também a muitos outros seres interplanetários. Todos os que trazem a Divina Chama consigo, trazem um coração de ouro, iluminado pelos divinos raios do nosso bem amado sol e de muitos outros sóis que iluminam outros sistemas em outras constelações.

Agora que tens uma ideia da grandeza desse teu coração, abra-o bem. Deixe entrar e sair o amor. Doe e receba, indistintamente, pois o fluxo é permanente e a reserva de amor de cada um nunca chegará ao final. Não te lamentes, não temas o desamor, não implores pelo amor.

Ama-te, antes de mais nada. Ama-te muito e te permitas amar-te tanto quanto podes amar a qualquer coisa. Depois disso, expanda o teu amor. Aí sim ele poderá ser expandido e alcançar distâncias inimagináveis. Tu sentirás fisicamente a sensação de expansão quando a estiver experimentando. Não é um processo apenas mental. É físico, teu peito se inflama, uma onda de calor e bem-estar te invade por inteiro. Começas a sentir-te como se fosses todo coração e, a seguir, começas a sentir que tudo mais à tua volta faz parte de ti, ou porque entrou no teu coração ou porque teu coração está tão grande que abarcou tudo. E a sensação é de um enorme bem-estar. De uma grandeza tamanha que jamais esquecerás e, depois disso, repetirás inúmeras vezes essa experiência.

Comunicação eficaz

Estabelecer uma comunicação eficaz é como fazer uma viagem. Primeiramente, você decide para onde quer ir, ou seja, o destino desejado. Depois você imagina como fará essa viagem e a quem convidar para ir junto. E você pode viajar de avião, de carro, de bicicleta ou a pé.

Suponha que decida ir de carro. Você precisa, então, decidir qual o melhor trajeto, o que mais lhe agrada e, enquanto faz isso, é necessário lembrar ou procurar saber dos pontos e sinais que lhe indicarão se você está na estrada certa. E se seu companheiro de viagem tiver um destino diferente do seu, você tem de saber em que ponto ele vai ficar. E quando chegar ao seu destino, você precisa decidir onde quer ficar e certificar-se de que está fazendo tudo o que deseja fazer.

Portanto, assim como uma viagem começa pela decisão sobre o destino que se quer tomar, um processo de comunicação eficaz se inicia com a definição do resultado almejado.

CHUNG, Tom. *Qualidade começa em mim:* manual neurolinguístico de liderança e comunicação. São Paulo, Maltese, 1994.

A águia e as galinhas

Um camponês criou um filhotinho de águia com suas galinhas, tratando-o do mesmo modo que cuidava das galinhas, de forma que ele pensasse que também era uma galinha. Dando-lhe a mesma comida, jogada no chão, a mesma água, num bebedouro rente ao solo, e fazendo-o ciscar para complementar a alimentação, como se fosse uma galinha. E a águia passou a portar-se como uma galinha.

Certo dia, passou pelo local um naturalista, que, vendo a águia ciscando o chão, foi falar com o camponês:
— Isto não é uma galinha, é uma águia!
Ao que o camponês retrucou:
— Agora ela não é mais uma águia, é uma galinha!
O naturalista disse:
— Não, uma águia é sempre uma águia, vamos ver uma coisa...
Levou-a para cima da casa do camponês, elevou-a nos braços e falou:
— Voa, és uma águia! Assume tua natureza!
A águia, porém, não voou, e o camponês contestou:
— Eu não disse que ela agora é uma galinha?
E o naturalista:
— Amanhã, veremos...
No dia seguinte, logo pela manhã, eles subiram até o alto de uma montanha. O naturalista levantou a águia e falou:
— Águia, vê este horizonte, vê o Sol lá em cima, e os campos verdes lá em baixo. Olha, todas estas nuvens podem ser suas. Desperta para a tua natureza, e voa como águia que és...
A águia passou a observar tudo aquilo, e foi ficando maravilhada com a beleza das coisas que nunca tinha visto. Ficou um pouco conturbada, no início, sem entender por que havia ficado tanto tempo alienada. Então ela sentiu seu sangue de águia correr nas veias; perfilou devagar suas asas e partiu num voo lindo, até que desapareceu no horizonte azul.

Adaptado de: James Agrrey em "A águia e as galinhas", de Leonardo Boff.

A ambição

Tenha um controle sobre a sua ambição. Você está aqui, sim, para aperfeiçoar-se na matéria; é sua função aprender a dominá-la. Entenda isso como colocá-la ao seu dispor, ter poder de execução, ter habilidades construtivas; mas não se esqueça que você também está aqui para interagir com a matéria. Então, se você aprendeu a conquistar bens materiais, está na hora de pensar sobre isso de uma maneira responsável. Está na hora de ponderar se a sua vida está resumida na conquista material, pois se isto estiver ocorrendo, a matéria ganhou de você, pois é ela que o está dominando. Então, pense bem: ela está ao seu dispor? Até que ponto? Será que você não está imaginando que tem domínio sobre alguma coisa? Aliás, pense melhor um pouco: a questão não é dominar pura e simplesmente, mas aprender a lidar corretamente com a matéria.

Toda matéria, inclusive você, compõe-se de partículas diminutas dos quatro elementos e, em última instância, diríamos que em tudo vivem os elementais. Temos de estabelecer uma relação cooperativa com eles, pois se os escravizamos, eles se revoltam e nos causam problemas; se soltamos as rédeas, nada conseguimos. E tem uma terceira possibilidade que poucos contam quando estão muito envolvidos com a matéria: os elementais ainda não adquiriram uma consciência, eles não têm senso de medidas, não têm regras estabelecidas. Eles apenas cumprem o que se lhes manda e deixam fluir, com muita facilidade, um espírito de envolvimento e de encantamento, que uns definem como sendo o lado lúdico e brincalhão dos elementais. Então, eles podem perfeitamente estar iludindo-o com a noção de poder material. Eles podem estar deixando-o pensar que você está no comando quando, na verdade, você nada sabe de como dar ordens aos elementais e, assim, na hora que eles se cansarem da brincadeira, eles lhe tiram tudo! Já pensou que isso pode estar acontecendo com você? Inteire-se desses seus processos. Medite. Busque a sua luz interior.

A caridade

Eu vou dizer-te exatamente o que é a caridade. A caridade não é um ato mecânico, isso já deves saber. Se não na prática, pelo menos teoricamente, pois muito já foi dito a esse respeito. Mas caridade, aquela que deve ser praticada, é aquela de uma mesma natureza que motivou Cristo, Jesus, o Bem Amado Mestre Sananda, a vir para esse planeta e deixar aqui o seu sangue em forma de sacrifício para libertar a alma da humanidade. Sua evolução e seu sacrifício purificaram a alma coletiva do planeta e isso possibilitou ao homem melhorar e refinar todos os seus veículos e principiar o seu crescimento mais consciente, pois, até então, o homem não tinha consciência de que suas emoções poderiam ser domadas, que seu coração poderia dominar seus sentimentos mais brutais e transformá-los em amor puro.

Caridade é estar atento ao que se passa à tua volta e interceder sempre que estiver ao teu alcance, não para suprir uma necessidade imediata, mas para dar condições de suprimento àquela e a muitas outras necessidades. Caridade é olhar um enfermo e passar-lhe a tua energia saudável para auxiliar o processo de cura. E, para isso, sequer precisas se aproximar, ele sequer precisa notar a tua presença. Apenas mande a tua energia. Não só os enfermos, mas muitas outras pessoas precisam da tua doação energética, precisam que deixes um pouco de te preocupar contigo e expanda a tua luz. Vai ser bom para os outros e principalmente para ti.

Assim nasceu Zen

Certa ocasião, Buda ia proferir um discurso muito especial e milhares de seguidores chegaram, vindos de milhas de distância. No instante em que Buda surgiu, estava segurando uma flor. Ele sentou-se embaixo de uma árvore e olhou para a flor. O tempo passava, porém Buda não dizia uma palavra sequer. A multidão esperou bastante tempo, mas ele não falou. Nem mesmo olhava para a multidão, apenas continuava contemplando a flor. Minutos, horas se passaram, e as pessoas tornavam-se impacientes. Foi quando Mahakashyap, um dos discípulos de Buda, sorriu. Buda chamou-o com um gesto, pôs a flor em suas mãos e disse:

— Seja o que for que pode ser dito por meio das palavras, eu lhes disse. E o que não pode ser dito por palavras dou a Mahakashyap. A chave não pode ser comunicada verbalmente.

Assim nasceu o Zen: de um sorriso espontâneo. Buda foi a fonte, e Mahakashyap, o pioneiro, o mestre original do Zen. A chave foi passada para outros e até os dias atuais está viva, ainda abre a porta.

Célebre episódio sobre o nascimento de Zen.

Confie no seu potencial divino

Tenha sempre muita fé. Não fé absurda de que se ouve falar constantemente, mas a fé em si mesmo, no seu potencial, na sua divindade e na sua cristandade. Você é Deus, Cristo está em você, na sua Divina Consciência, que foi emanada diretamente da fonte.

Por mais que lhe pareça estranho ser um Deus e passar por tantas dificuldades, já lhe dissemos que foste colocado neste plano físico para adquirir todas as experiências. Ninguém aprende a prática apenas pela teoria. Estude, gradue-se, confie, tenha uma enorme fé em si mesmo.

Não se desmereça. Se o fizer, todos o farão. Você é potente e forte. Você é luminoso e capaz de iluminar a própria vida e a daqueles cuja luz ainda é mais fraca que a sua. Confie que a sua luz é poderosa.

Se, por um lado, todos estão na Terra com um firme propósito de evoluir e se houve pactos de auxílio mútuo firmados anteriormente, uma vez no plano físico tudo é esquecido e a corrida para a evolução toma contornos bem distintos.

Uma vez na Terra, todos acreditam que vence o mais forte, mas isso não existiria se cada um confiasse mais na própria força. Essa disputa acontece porque muitos se distanciaram mais do pensamento original e esqueceram mais rapidamente do seu lado divino e, portanto, da própria força; mas existem os que a têm bem acesa, que são as pessoas movidas por uma enorme autoconfiança. Estas, apesar de terem grande força, muito raramente associam-na ao aspecto divino e até a menosprezam. São essas pessoas que, na maioria das vezes, subjugam as que têm uma fraca autoestima, que confiam menos em si.

Não permita que isso aconteça com você. Acenda a sua luz, e isso se faz por meio da fé e da confiança em seu próprio potencial divino.

Para que serve a abertura

Abertura é um véu que se rompe e nos deixa ver o que existe do outro lado. Algumas vezes, a abertura nos permite adentrar o outro lado. Ela pode ser um portal dimensional, fisicamente localizado, como pode ser um ponto de luz na sua consciência. Perceba que, quando você olha alguma coisa antiga sob um novo ponto de vista, alguma coisa muda em você e, normalmente, diz-se que houve uma abertura de visão. Isso que acontece, na verdade, é uma expansão da consciência, e ela se expandindo, coloca-o em contato com um outro lado, fazendo prevalecer o sentido de abertura.

Cada vez que nos abrimos para alguma coisa, adquirimos milhares de tesouros que se escondiam do lado que não tínhamos acesso e isso nos faz crescer. Crescendo, estamos indo cada vez mais na direção da luz, onde o grande portal nos espera. Então, prossigamos! De abertura em abertura para a conquista da ascensão, para que juntos o Grande Portal possa ser aberto e a Terra possa finalizar um dos seus ciclos evolutivos.

Proteção luminosa

Trabalhe com cada centro de energia. Deixe a energia fluir dos centros inferiores até senti-la penetrando seu chakra cardíaco e elevando-se por meio do laríngeo, do frontal até ao coronário, quando, então, você sentirá uma incrível presença luminosa acima de você iluminando-o e tecendo um enorme manto de luz à sua volta. Pratique esse exercício a cada dia, no início do dia, e usufrua da proteção que esse manto de luz lhe dará.

Verdadeiros amigos

Precisas abandonar o conceito mundano de amigo. Esta palavra é muito superior ao que normalmente tu lhe atribuis. Poucos são os que conhecem o seu verdadeiro sentido, mesmo porque poucos são os que reconhecem seus verdadeiros amigos.

Verdadeiros amigos são os que te ajudam a crescer e a evoluir. Verdadeiros amigos são os que te apontam o caminho quando veem que te desvias dele. Verdadeiros amigos são os que te mostram como se levantar quando tiveres caído, e não os que vão prontamente te levantar, pois assim estariam te privando desse aprendizado.

Verdadeiros amigos, na verdade, nem sempre são os que estão ao teu lado toda hora buscando ajudar-te. São esses sim, pois jamais se pode supor que alguém, neste plano material em que te encontras, seja bom, caridoso e humanitário sem ser uma alma boa; mas, na verdade, amigos também são os que te viram as costas numa situação difícil, mostrando que podes encontrar a saída sozinho, que precisas crescer. E se numa dada situação ninguém aparece para ajudar-te, agradeça aos que te viraram as costas, pois a situação era realmente importante para que a ultrapassasses sozinho.

Então, assim como vês, ninguém está querendo sabotar-te. Com todos os que tu interages, já havia sido feito um pacto anterior de ajuda e colaboração. Acontece que agora tu não te recordas. Mas aceite e agradeça sempre, a tudo e a todos, pois os que consideras teus inimigos, não o são, podes ter certeza.

Atitude é tudo

Jerry é o tipo de pessoa que você adora odiar. Frequentemente estava de bom humor e tinha algo de positivo para dizer. Quando alguém lhe perguntava como estava, ele dizia:
— Melhor, impossível!

Ele era um gerente único, e vários garçons o acompanhavam de restaurante para restaurante, em razão de sua atitude. Jerry era um motivador natural. Se algum funcionário estava num mau dia, lá estava ele para falar sobre o lado positivo da situação.

Ver esse estilo realmente me deixou curioso. Então, um dia, fui até ele e perguntei:
— Não entendo, você não pode ser otimista o tempo todo. Como consegue?

E ele respondeu:
— A cada manhã, acordo e digo para mim mesmo: "Jerry, você tem duas opções hoje, você pode escolher estar de bom humor ou pode escolher estar de mau humor." Eu escolho estar de bom humor. Cada vez que algo de ruim acontece, posso optar por ser uma vítima, ou posso optar por aprender com a situação. Eu escolho aprender. Todas as vezes que alguém me vem com reclamações, posso escolher aceitar as reclamações, ou posso apontar o lado positivo da vida. Eu escolho o lado positivo da vida.

— Tudo bem, mas não é tão fácil, repliquei.
E Jerry disse:
— Sim, é. A vida refere-se a escolhas. Quando você descarta o superficial, toda situação é uma escolha. Você escolhe como reagir à situação. Você escolhe como as pessoas vão afetar seu humor. Você escolhe estar de bom ou de mau humor. Em suma, como viver a vida é uma escolha somente sua.

Refleti sobre o que Jerry me disse. Pouco tempo depois, deixei o ramo de restaurantes para dar início ao meu próprio negócio. Perdemos nosso contato, mas eu sempre pensava nele quando fazia uma escolha sobre a vida, em vez de simplesmente reagir impulsivamente.

Muitos anos depois, soube que Jerry havia feito algo que nunca deve ser feito no ramo de restaurantes: deixou a porta dos fundos aberta.

Pela manhã, viu-se cercado por três assaltantes armados e, enquanto tentava abrir o cofre, suas mãos trêmulas, pelo nervosismo, errou a combinação. Os assaltantes, em pânico, atiraram nele. Por sorte, Jerry foi encontrado logo e levado para o hospital. Após 18 horas de cirurgia e semanas na UTI, ele teve alta do hospital, mas com alguns fragmentos de bala em seu corpo.

Seis meses depois do acidente, encontrei Jerry. Quando lhe perguntei como estava, ouvi a seguinte resposta:

— Melhor impossível, quer ver as cicatrizes?

Não quis ver seus ferimentos, mas indaguei o que lhe havia passado pela cabeça quando os assaltantes apareceram.

— A primeira coisa que me veio à cabeça foi que eu deveria ter trancado a porta dos fundos. Então, quando estava no chão, lembrei-me de que eu tinha duas escolhas: poderia viver, ou poderia morrer. Eu escolhi viver.

— Você não ficou com medo? Perdeu a consciência?

E Jerry prosseguiu:

— Os paramédicos foram muito bons. Diziam-me que eu ia ficar bem. Mas quando me levaram para a sala de emergência, observei a expressão dos médicos e enfermeiras e fiquei com muito medo. Eu podia ler em seus olhos: "Este é um homem morto." E então eu soube que precisava reagir.

— O que você fez? — questionei.

— Havia uma enfermeira que me fez várias perguntas. Era robusta, grandona. Ela me perguntou se eu era alérgico a algo. Respondi que sim. Médicos e enfermeiras pararam tudo e aguardaram minha resposta. Respirei fundo e gritei:

— Balas!

Em meio a gargalhadas, gritei que estava escolhendo viver, e que deveria ser tratado como um ser vivo, e não morto.

Jerry viveu graças às habilidades dos médicos, mas também por sua surpreendente atitude. Com ele aprendi que todos os dias temos a escolha de viver plenamente.

Enfim, atitude é tudo!

Divina sintonia

Em sintonia com o divino: sinta-se sempre dessa forma. Perceba que tudo o que você fizer, se estiver sentindo-se sintonizado, o resultado será mais harmonioso. Não espere que as coisas sempre fluam da maneira mais proveitosa do ponto de vista material, pois nem sempre as necessidades dos diversos planos são as mesmas, mas se a sintonia estiver estabelecida, você terá uma nova compreensão dos fatos e não esmorecerá, não permitirá que haja uma queda no seu tônus energético de forma que outros seres e/ou entidades possam assumir o comando do seu ser.
Em sintonia com o divino, você sacraliza tudo o que faz. Todos os seus atos, palavras e pensamentos, igualmente serão divinos e transmitirão a força necessária para transmutar e elevar. Tudo será dado pelo poder divino que existe dentro de você. Não o procure fora, pois será tempo perdido.

A bengala

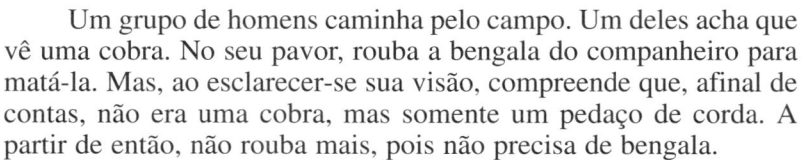

Um grupo de homens caminha pelo campo. Um deles acha que vê uma cobra. No seu pavor, rouba a bengala do companheiro para matá-la. Mas, ao esclarecer-se sua visão, compreende que, afinal de contas, não era uma cobra, mas somente um pedaço de corda. A partir de então, não rouba mais, pois não precisa de bengala.
No instante em que identificamos como enganosas as falsas aparências, notamos que, a falsa interpretação produz a falsa necessidade, que, por sua vez, produz o falso comportamento.

Coloque-se no comando

Liberta-te de dogmas. Desenvolva o teu ser e ascenda, contate o divino dentro de ti. Não deixe que palavras estranhas invadam tua mente e nem permita que te façam praticar atos que, do fundo do coração, jamais praticarias. Tua consciência é o que te conduz, e teu coração é o teu mestre.

A cada vez que conseguires expandir o amor que há em teu coração, verás que ele é imenso e tem uma vida muito além daquela que lhe é dado cumprir na tua máquina humana. O que ele transporta é duma riqueza inestimável. Ele faz fluir o sangue por todo o teu corpo, o sangue que faz a ponte entre a tua máquina física e os veículos superiores. Seria por acaso que antigos, e até recentes, rituais valem-se tão largamente do sangue? Então, o sangue tem uma função poderosa dentro de ti, ele te coloca em contato com os teus corpos superiores e estes contatam-se diretamente com os planos superiores. Existe, então, templo mais sagrado que o teu próprio coração? Pois bem! É por meio dele que alcançarás a divindade.

Quando te dizemos para libertar-te de dogmas, não estamos querendo dizer que nada existe na materialidade para conduzir-te ao Divino. Existe sim, e muitos são os meios materiais de se alcançar a plenitude. Se estás na matéria, de que outra forma poderias trabalhar tua evolução? Mas esteja atento. Só aceite como dignos os métodos que te permitam crescer individualmente. Tudo o que vier a desenvolver uma dependência deve ser descartado. Inclusive, a observação serve também para o teu próprio comportamento, pois podes aproximar-te de um grupo que desenvolva métodos de autocrescimento e de autodesenvolvimento, apenas para aproximar-te de pessoas e, dessa forma, estarás criando a dependência sem que o grupo o tenha conduzido a isso. Esteja atento.

Alcance a tua estrela

Consiga alcançar a tua estrela. Ela está dentro de ti. Sabeis bem dessa verdade, mas agora, mais do que nunca, estais tendo que acreditar nisso. Antes, isso era apenas linguagem poética, figuras de metáfora. Agora não. Onde quer que vás ouvirás a mesma e insistente verdade: que a plenitude, a tua estrela, não está fora de ti, mas sim no fundo do teu coração.

Busque-a incessantemente. Mas não torne essa busca exaustiva. Apenas passe a estar mais atento aos teus movimentos, às tuas palavras, aos teus sentimentos... esteja mais atento a ti mesmo. Dessa forma, passarás a ver-se com outros olhos. Verás que tudo em ti transpira a perfeição, que nada fazes ao acaso.

Quando andas, não o faças automaticamente. Perceba tuas pernas se colocando à frente, uma após a outra. Veja o movimento que teus braços fazem, observe a postura do teu corpo... comece a sentir a tua máquina humana. Aos poucos, passarás a sentir também o chão em que pisas. A princípio, tua percepção será apenas a do piso imediato que contata a sola dos teus sapatos, mas depois, passarás a analisar mais profundamente o chão onde pisas. Depois, observe o que vai acima de ti. Igualmente, começarás por perceber árvores, nuvens e pássaros, ou prédios e aviões, dependendo do lugar por onde andes. Poderás também ver apenas o teto da repartição onde trabalhas. Isso é o de menos. Aos poucos irás transcendendo àquelas dimensões finitas e irás se dando conta da plenitude do Universo.

Pratique este exercício constantemente. Andar, todos andam, e quando o fizeres, pare de fazê-lo mecanicamente. Utilize esse teu tempo. O resultado dessa prática é que, um belo dia, terás a magnífica sensação de estar ali, em pé entre a Terra e o Céu. Sentirás a ti próprio como aquela centelha divina, sentirás que fazes parte do universo. É indescritível a sensação de se dar conta da própria existência, corpo e espírito, no meio desse universo. Pode até gerar um certo pânico, mas a grandiosidade do momento faz com que isso seja superado e que passes a buscar mais frequentemente essa sensação. Integrar-se ao cosmo é integrar-se a si mesmo e contatar a própria estrela.

Não se mostre desesperançado.
Siga em frente

Não percas o momento. Registre cada segundo da tua vida. Se não no papel, ao menos na tua mente, na tua infalível memória, pois de certo modo tudo estará sendo registrado. Então, tenhas tu consciência disso, antes de mais nada. Sabes que és mortal, sabes que tudo um dia voltará ao Criador. Sabes bem que não passarás por esta vida sem que tenhas aprendido alguma lição importante, para ti e para a humanidade, pois tu e ela são um e ela inteira faz parte da tua vida.

Não te esqueças disso. Isso é muito importante para que saibas como proceder com os teus irmãos; irmãos da terra e irmãos de uma fraternidade superior, que agora te acessa e te dá mensagens de como atravessar momentos difíceis como este.

Não te esqueças que a Terra é o teu lugar neste momento. Então, por mais que queiras ascensionar, não busques sair do controle da tua posição neste planeta antes que sejas chamado a uma nova missão. Pratica toda sorte de ensinamentos e técnicas que te levem a purificar teus veículos. É importante que eles estejam puros, suficientemente energizados e sutilizados para suportar uma outra vibração, mas não aceleres processo algum, pois nada se faz antes do tempo. Quando estiveres completamente puro, teu chamado chegará, tua luz brilhará e farás ouvir teu apelo e tua boa vontade em ajudar o mundo. Entretanto, se ainda assim não fores chamado, não te preocupes, pois certamente tua missão será exatamente onde estiverdes. Acolhe-a com carinho, faz a tua parte com amor. Esta será a tua contribuição. E para ti, terá restado a lição da humildade.

Exemplo de criança

Um orfanato vietnamita foi atingido por um bombardeio... Entre os feridos, havia uma menina de oito anos. Os médicos precisavam fazer uma transfusão, mas como?

Reuniram todas as crianças e, entre gesticulações, esbarradas no dialeto local, tentavam dizer que precisavam de um voluntário para doar sangue. Após um silêncio sepulcral, viu-se um braço mirradinho levantar-se. Era um menino chamado Heng. Ele foi preparado e espetaram-lhe uma agulha na veia. Algum tempo depois, ele deixou escapar um soluço. O médico perguntou se estava doendo, e ele disse que não.

Não demorou muito, e o menino voltou a soluçar, contendo as lágrimas. Os soluços ocasionais deram lugar a um choro silencioso, mas ininterrupto. Era notório que alguma coisa estava errada. Foi então que apareceu uma enfermeira da região e começou a conversar com o garoto. Seu rostinho se aliviou e ele ficou novamente tranquilo.

A enfermeira, então, explicou aos americanos:

— Ele pensou que iria morrer. Não entendeu direito o que vocês disseram e estava pensando que teria de doar todo o seu sangue para a menina não morrer.

O médico aproximou-se dele e perguntou:

— Mas se era assim, por que você se ofereceu para doar seu sangue?

E o menino respondeu espontaneamente:

— Ela é minha amiga.

Lembre-se do principal

Diz certa lenda que uma mulher pobre, com uma criança no colo, passando em frente a uma caverna ouviu uma voz misteriosa que, lá dentro, dizia-lhe:

— Entre e pegue tudo o que você desejar e lembre-se do principal. Lembre-se também de uma coisa: depois que você sair, a porta será fechada para sempre. Portanto, aproveite a oportunidade e lembre-se do principal...

A mulher adentrou a caverna e encontrou muitas riquezas. Fascinada pelo ouro e pelas joias, pôs a criança no chão e passou a juntar, ansiosamente, tudo o que podia, no seu avental. A voz misteriosa falou novamente:

— Você só tem oito minutos.

Esgotado o tempo, a mulher, carregada de ouro e pedras preciosas, correu para fora da caverna e a porta se fechou... Lembrou-se, então, de que a criança ficara lá, e a porta estava fechada para sempre! A riqueza durou pouco, e o desespero, sempre.

O mesmo acontece, às vezes, conosco. Temos uns 80 anos para viver, neste mundo, e uma voz sempre nos adverte: Lembre-se do principal!!!

Cuide da natureza

A natureza não é o paraíso que lhes foi dado para crescer e evoluir. A natureza é, antes de tudo, o berço primordial de todas as formas de vida, inclusive da sua.

O processo é um contínuo infinito em que uns cuidam dos outros e depois cada qual segue o seu processo com todos aqueles com os quais se relacionou de alguma maneira durante a sua vida.

Nada é como deveria ser para cada uma das formas de vida, pois no convívio entre as diversas formas que foram colocadas dentro de um mesmo globo evolutivo, todas acabam interferindo no crescimento umas das outras.

É bem assim.

A programação inicial dá uma orientação do que virá a ser o processo, mas para tudo existe o livre arbítrio, e, se por melhores que fossem as intenções ao colocarem vocês e os animais, por exemplo, sob o mesmo céu, tão bons como elas podem não ser os resultados, pois o convívio entre vocês poderá dar-se de forma totalmente adversa, desequilibrando a proposta inicial. Mas sempre, ou quase sempre, existe uma saída.

Se vocês acham que tudo no mundo deve seguir a linha que vocês consideram como a correta dentro do processo evolutivo, seguindo até mesmo o belo desenvolvimento intelectual que vocês julgam ter, enganam-se, pois o desenvolvimento máximo que vocês alcançam hoje, é uma parte muito pequena do que poderiam alcançar se houvesse colaboração entre vocês.

Entre vocês, que nós dizemos, é entre todas as espécies que foram colocadas na Terra para evoluir. Cada uma proveniente da sua onda de vida específica, mas todas emanadas de uma fonte superior, não se pode jamais esquecer. Quando maltratas qualquer dos componentes daquilo que tão orgulhosamente chamam de natureza, estão ferindo um pedaço do seu próprio ser maior, pois, em última instância, todos, exatamente todos vocês, fazem parte de um mesmo organismo vivo sob todos os aspectos, que é a Terra.

Então, antes de pensarem em beneficiar-se desse ou daquele recurso, vejam de que forma ele se doa a vocês. Não lhes imponham métodos que venham a desqualificá-los futuramente, ou mesmo no presente, pois tudo o que fizeres de errado com a natureza, ou seja, de tudo o que fizeres para que um outro ser se comporte de maneira a atrasar o seu processo evolutivo, qualquer que seja ele, irás ter que compensar o esforço desperdiçado.

Força. Energia. Luz. São elementos importantíssimos e não sabeis direito como manipulá-los. Mas não importa. Eles existem dentro de uma determinada quantidade e devem ser usados dentro das medidas que foram programadas para cada coisa. Se um absorve mais energia que o previsto, vai faltar para o outro. Se um faz com que o outro atrase o seu processo, ele, de alguma forma, fez com que esse outro jogasse energia fora, ou não a aproveitasse da melhor maneira que lhe seria possível e, desta forma, cabe a ele dar a devida compensação ao universo: prestar contas no final de tudo.

É como sistema de cobrança, de conta corrente... tudo tem que ser devidamente contabilizado e as perdas têm que ser compensadas. Pensem no projeto Terra inserido num dos departamentos de uma grande empresa. Pensem que toda empresa tem que dar lucro. Se um departamento gastou demais ou deu prejuízo, ele vai ter que dar a devida compensação para que a empresa inteira, não se prejudique. Assim, o departamento deficitário deverá compensar perdas e danos, seja com um esforço maior para cobrir o débito ou deixando de existir, se ficar comprovada a sua inviabilidade. É muito simples. (Esse exemplo pode não ser tão bom, mas é na medida certa para que um número maior de pessoas possa compreender.)

Não percam muito a cabeça tentando entender tudo, exatamente como funciona. Pensem apenas nos resultados finais e vejam qual será a melhor forma de fazer com que o seu departamento tenha lucros. É óbvio que as presenças mais importantes num departamento deficitário poderão ser reaproveitadas em outros, mas esse processo é um pouco desgastante. O melhor é trabalhar para que o projeto incial dê certo.

Cuide da sua própria natureza

Essa parte, não podemos dizer-te que seja mais importante que a anterior, mas é de uma importância que não fazes ideia. Aliás, sabes do que estamos falando quando nos referimos à *tua própria natureza*? Certamente, não estamos falando da índole ou do temperamento com que lhes é dado agir nessa vida. Estamos falando de natureza no mesmo sentido com que falamos anteriormente. Natureza, sim! Um conjunto de vidas evoluindo dentro de um mesmo meio ambiente.

Formas variadas de vida, cada qual num determinado estágio evolutivo, umas mais aceleradas, outras mais submissas, porém todas comprometidas, desde o início, em fazer com que aquele meio ambiente, digamos assim, evolua por completo para, só então, abandoná-lo. Ou melhor, abandoná-lo não seria bem o termo, pois na verdade eles estariam a serviço da evolução daquele meio pelo tempo necessário. O meio é que determinará o momento em que dispensará aqueles colaboradores e seres evolucionantes para uma nova etapa.

Deu para compreender? Deixando as metáforas, falamos, na verdade, do teu corpo físico. Ele é o meio ambiente a que nos referimos, e toda a sua constituição molecular e elementar são as vidas evolucionantes. É isso mesmo. Dentro de ti existe a mesma natureza que existe fora de ti.

Nada nunca foi tão exatamente perfeito como a máxima que coloca a perfeita proporcionalidade entre as existências macro e microcósmicas. Assim como é em cima é embaixo. Tudo é dessa forma. Então, seus corpos são uma natureza perfeita. Tudo o que existe fora existe dentro. Todos os elementos estão dentro de ti.

Neste ponto, vamos estender-nos um pouco mais. Sabes que cada uma das tuas células são seres vivos e em processo evolutivo. Já dissemos que umas estão mais e outras menos evoluídas. Pois bem, as menos evoluídas são as mais submissas, elas são as que mais dependem de ti para evoluir e, no entanto, são incansáveis colaboradoras para com o teu bem-estar, são as maiores responsáveis

para com a tua constituição física. Ossos, por exemplo, são fundamentais para que te sustentes. É claro que tudo é importante, pois do contrário não se fariam presentes.
 Mas deveis estar atentos aos processos das doenças que sois capaz de gerar. Se, por um lado, existem as células submissas, também existem outras que já estão num estágio mais adiantado e começam a adquirir algum grau de individualidade. São essas as que, vez por outra, revoltam-se com as atrocidades que cometes com elas. Elas não se sujeitam a ficar submissas a um organismo que lhes impõe coisas que sabem estar erradas.
 Os elementos vêm de uma origem bastante elevada. Eles estão principiando no processo de aquisição de uma individualidade. Então, deves saber que, nessa fase eles ainda têm um estreito contato com a fonte. Eles sabem discernir muito bem o certo e o errado. Assim como aconteceu e acontece com tudo o que necessita de experiência física, à medida que se submerge na densidade, embota-se sensivelmente a capacidade de continuar mantendo-se em contato com a fonte.
 Assim aconteceu convosco e assim está acontecendo com teus elementais. Mas, por enquanto, eles estão muito próximos da fonte; eles têm acesso a tudo e, por menos que admitas, tudo o que fazes de errado com teu corpo, eles sabem muito bem e te dão respostas objetivas. Nesse processo, as células mais individualizadas, é claro que não tanto a ponto de ter perdido seu contato original, ao discernir aquilo que fizestes de errado e depois de te dar algumas indicações do erro, não querem mais se sujeitar ao teu processo errado de viver e querem sair de dentro de ti, não te querem mais como instrutor, como campo de evolução. Anseiam pela liberdade, e é aí que acabam por acontecer as doenças fatais.
 Fatais são todas as doenças em que uma parte do seu organismo não quer mais responder aos teus comandos, é uma ocasião de rebelião de teus elementais de uma determinada ordem.
 Existem também as doenças provocadas pela total devastação que fazes com alguns dos teus sistemas importantes. Assim como desmatam-se as florestas, com o excesso de fumaça consegues exterminar toda a tua rede pulmonar, de forma que a água nela contida se alastra e as funções do órgão não se cumprem.
 Todo o processo se resume na forma como tratas do teu corpo.
 Agora, não é só o que entra de uma maneira densa dentro do teu corpo que provoca desequilíbrio. É preciso também estar atento

aos processos mentais e emocionais. Pensamentos e sentimentos são uma fonte de alimentação em níveis mais elevados dos teus seres internos e, da mesma forma, se os alimentas com impressões, pensamentos e sentimentos desqualificados, também estarás promovendo o desequilíbrio.

Procure orientar-se melhor, até mesmo em outras fontes, sobre os cuidados de maneira global para com o teu corpo e pratique-os, pois ele é o canal maior, senão o único, que possuis para evoluir. Não penses que sem ele irás a algum lugar, pois enquanto estás aqui, com este corpo, é ele que te serve e a ele deves respeitar, pois do contrário, a evolução não irá muito longe, uma vez que tudo o que fizeres com teus elementais poderá atrair-te de volta à fisicalidade para dar a devida compensação.

Se pretendes evoluir realmente, faça bem feito! Faça o melhor que puderes para evitar futuras necessidades de novas experiências na matéria. Tenha a devida lucidez para enxergar o teu corpo com amor, mas o teu corpo todo: parte material, emocional, mental e espiritual.

Unam-se e elevem-se juntos!

O que se passa em tua mente

Siga tua intuição. A intuição! Quantos dizem que não a têm! Puro engano. Todos dispõem dessa incrível capacidade de prever os acontecimentos, de sentir exatamente de que forma isto ou aquilo se manifestará na sua vida, pois as células de cada um trazem tudo codificado. Os elementais têm acesso a tudo e podem revelar-te os maiores tesouros que imaginas. Então, a partir de agora, passe a ficar mais atento ao que te vem à mente, e mais: observe com o que estás lidando no momento em que tens um pensamento premonitório, pois assim poderás identificar o elemental que está fazendo-te revelações e estreitar os laços de cooperação com ele.

Observe isso. Eles te ajudam e você os ajuda, pois a recompensa pelos bons serviços prestados aos humanos será a tua evolução.

Mudanças

Sufi Bayazid diz o seguinte de si mesmo:
"Na juventude, eu era um revolucionário e rezava dessa forma:
— Deus, dai-me energia para mudar o mundo!
Mas ao chegar à meia-idade, percebi que metade da vida já havia se passado sem que eu tivesse mudado homem algum.
Então, mudei a minha prece, dizendo ao Criador:
— Dai-me a graça, Senhor, de transformar os que vivem comigo, dia a dia, como minha família e meus amigos; com isso, já estarei satisfeito...
Agora que estou velho e tenho os dias contados, percebo bem quanto fui tolo assim rezando. Minha oração, agora, é apenas esta:
— Dai-me a graça, Senhor, de mudar a mim mesmo.
Se eu tivesse rezado assim, desde o início, não teria desperdiçado minha vida."

A arte de comunicar

Um dos grandes desafios da humanidade é aprender a arte da comunicação, pois dela depende, muitas vezes, a felicidade ou a desgraça, a paz ou a guerra. Que a verdade deve ser dita em qualquer situação, não há dúvida. Mas a forma com que ela é comunicada é que tem ocasionado, em algumas situações, grandes problemas. A verdade é semelhante a uma pedra preciosa. Se a lançarmos no rosto de alguém pode ferir, provocando dor e revolta. Mas se a envolvemos em delicada embalagem e a oferecemos com carinho, com certeza será aceita facilmente.

Sabes por que estás aqui?

Procure seu mestre interior. Contate a sua divina presença Eu Sou. Peça respostas. Exija respostas. Você tem todo o direito de saber. As respostas estão em você. Abra o caminho, purifique seus veículos, pois a sua divina presença só poderá tocar a sua consciência quando ela estiver, ao menos, começando a alcançar um nível de pureza.

Não parta para pensamentos estereotipados acerca da pureza. Pureza é tudo: pensamentos, sentimentos, emoções, ações, atitudes, alimentação — tudo de saudável que você puder fornecer ao seu organismo.

Não pense que precisará transformar-se em santo. Sabemos todos que estão na materialidade e que estão regidos pelas leis da matéria, que seus sentidos e suas necessidades são materiais.

Não fique tentando ser santo enquanto é apenas homem. Mas procure a purificação do seu ser. Cada movimento no sentido de purificar-se irá iluminando sua consciência e permitindo que sua divina presença Eu Sou aflore no nível consciente e lhe relate muitas coisas.

À medida que sua purificação for se tornando maior, ela estará mais presente, conduzindo toda a sua vida e levando-o mais rapidamente para a luz. Aí, aos poucos, irás deixando a sua condição humana de materialidade e irás ascendendo aos níveis superiores, conduzido por seu próprio eu, por si mesmo. É um processo muito bonito. Permita-se a ele.

Raios de luz pairam sobre ti

O que buscas, amigo, que tua consciência não te dá um momento de paz? O que buscas tanto do lado de fora, que sequer te dá tempo de olhar para dentro de ti mesmo e ver as riquezas que aí se escondem? Pare um momento. Esqueças toda sorte de armadilhas que existem para fazer-te crer que encontrastes um caminho. O único caminho é o do coração e o que leva ao coração. Se te mostrarem um caminho que alegra apenas um dos sentidos do homem, ou mesmo vários, não te deixes enganar e recuse-o, pois o coração deverá ser o teu alvo maior, a tua fonte única de inspiração, a tua busca mais constante. Quando chegares ao coração de um outro ser humano, nem que seja de um só, terás atingido uma centelha do universo e terás encontrado um igual, desde que o contate também do fundo do teu coração.

Busque esse contato, busque o abrigo dentro de cada ser humano. Não deixe que te levem por outros caminhos e por outras estradas que pareçam, no momento, mais floridas que aquela que, sabes bem, levará ao coração. Isso mesmo: "sabes bem", pois, com todo o conhecimento que possuis, mesmo que disso não tenhas consciência, sempre sabes qual o caminho a seguir. Teu livre arbítrio te permite fazer o que quiseres, mas sempre saberás a direção a tomar. E não a tomas por quê? O que te impede?

Sabes que o coração é o teu único refúgio e a única grande coisa que tens a oferecer, pois teu coração é a sede de todo o teu grande amor.

Dê o teu amor, não te prives e nem prives a quem dele precisa.

Afaste-se da negatividade

Não é o mal que existe no mundo que corrói a alma como a ferrugem o faz com o ferro. É o sentimento que se abriga dentro de ti e que faz com que vejas o mal em cada detalhe do que te é apresentado.

Não estranhes nossas palavras, mas bem sabemos que é comum interpretares erroneamente os sentimentos e as intenções de teus irmãos e, mais comum ainda, é que sequer os consideres como irmãos, ou seja, não tens a consciência do que seja uma irmandade, no seu mais amplo sentido.

Dizemos a ti que voltes a ver as atitudes que as pessoas têm para contigo e repense-as de um ponto de vista, se não mais positivo, ao menos mais neutro. Não te dizemos com isso que tudo o que te fizerem deve ser relevado como se nada houvesse sido feito. Cristo deu a outra face e aconselhou-te a que o fizesses, mas não és Cristo. Se fosse dessa forma, não estarias neste plano de evolução. Mas se Cristo te aconselhou a que o fizesses, deves ao menos tentar, para que acabes por aprender.

Veja isso como um sinal, um alerta, pois esse aprendizado de que te falamos não é pura e simplesmente aprender a relevar e a não se importar, a manter-se indiferente. Esse aprendizado significa que deves aprender a dar o real valor às coisas que te acontecem. E o ato de relevar e de não se importar, deve realmente ser sentido dessa forma. Nada deve restar dentro de ti que te leve, futuramente, a reclamar teus direitos sobre uma mágoa não manifestada ou sobre uma dor não lamentada. Se manifestares indiferença por alguma atitude indigna praticada contra ti, não terás porque, futuramente, pleitear qualquer desculpa do que a praticou, pois, do contrário, não terás sido indiferente e apenas fingido a indiferença.

Sê verdadeiro, olhe o bem, veja sempre o bem e, onde houver maldade, faça o possível para olhar do outro lado. Deixe que a miséria decorrente de toda maldade esteja presente apenas para quem quiser dar-lhe importância. Veja que, pelas leis universais, ela só tenderá a enfraquecer na medida em que cada vez mais pessoas lhe derem menos atenção. É uma lei universal e como tudo no Universo, é uma lei matemática. Pratique-a e verás que, ao menos para ti, a maldade e o erro passarão a acontecer com menos frequência. E, à medida que comprovares a eficiência deste ensinamento, passe-o adiante, pois o exemplo ilustra e convence muito mais do que as palavras que damos a ti.

Você é a Presença de Deus

Busque a sua Divina Presença.

Isso pode ser feito a qualquer hora, mas ao se deitar talvez seja uma ocasião mais oportuna: relaxe todo o corpo, comande a sua consciência dos pés à cabeça, certificando-se de que todo o seu corpo está obedecendo à sua ordem mental de relaxamento.

A seguir, vá colocando a sua consciência na região correspondente a cada chakra. Inicie pelo Muladhara (Básico) e só prossiga quando sentir que a energia está presente. Depois, vá conduzindo essa energia com a sua consciência por meio dos outros chakras, procurando senti-la passando um a um.

Não se detenha muito em cada chakra, pois você não estará buscando ativá-los, mas apenas transportando a energia.

Ao chegar no Frontal, aí sim, repouse a sua consciência e eleve-a, sentindo a plenitude da energia trazida para aquele ponto. Aos poucos, vá conduzindo conscientemente a energia para o topo da cabeça e sinta como se um fio invisível estivesse alinhavando todos os seus chakras e se estendesse um pouco acima do topo da cabeça. Nesse ponto, o êxito do exercício se apresenta por si, com uma visão de indescritível brilho vindo desse ponto e encobrindo todo o corpo, até mesmo fluindo por meio daquele fio pelo corpo inteiro. Ou seja, a luz irá banhá-lo por dentro e por fora, e a certeza advirá de que o contato com a sua presença divina foi estabelecido.

Clame "Eu Sou!" "Eu Sou!" "Eu Sou!"

E tenha certeza. Sim! Você é a presença de Deus.

Lição de vida

Algumas vezes, Nasrudim levava as pessoas para viajar em seu barco. Um dia, um pedagogo exigente contratou-o para transportá-lo ao outro lado de um rio muito largo. Tão logo se lançaram à água, o sábio perguntou-lhe se faria mau tempo.
— Não me pergunte nada sobre isso — disse Nasrudim.
— Você nunca estudou gramática?
— Não — respondeu o Mulla.
— Neste caso, metade de sua vida foi desperdiçada.
O Mulla não disse uma palavra sequer. Logo caiu uma terrível tempestade, e o pequeno e desorientado barco de Mulla começou a encher de água. Ele se inclinou para o companheiro e questionou:
— Alguma vez você aprendeu a nadar?
— Não — disse o pedante.
— Neste caso, caro mestre, TODA a sua vida foi perdida, pois estamos afundando.

SHAH, Indrie. *The Exploits of the Incomparable Mulla Nasrudim*. New York: Duttonm, 1972.

… do que se vê

Soldado japonês

No decorrer da Segunda Guerra Mundial, no auge da expansão japonesa no Pacífico, havia guarnições em praticamente todas as pequenas ilhas espalhadas por uma grande extensão do oceano. Quando os japoneses passaram a perder a guerra, muitas dessas ilhas foram tomadas e derrotadas, mas algumas simplesmente passaram despercebidas. Naquelas ilhas, pequenos grupos de soldados ou sobreviventes isolados esconderam-se em cavernas, em locais inacessíveis. Quando a guerra terminou, muitos desses sobreviventes não souberam do fato. Continuaram a lutar, mantendo da melhor forma possível suas armas enferrujadas e seus uniformes estraçalhados, totalmente isolados, almejando profundamente poder entrar de novo em contato com o comando geral.

Imaginemos a situação de um tal soldado. Ele foi chamado pelo governo, que o treinou e o enviou a uma ilha selvagem a fim de defender e proteger seu povo contra a grande ameaça externa. Como cidadão obediente e fiel, ele sobreviveu a muitas privações e batalhas durante todos os anos da guerra. Quando a intensidade da batalha diminuiu, ele ficou sozinho ou com uns poucos sobreviventes. Durante todo o tempo, levou adiante a batalha da melhor maneira possível, sobrevivendo às mais terríveis circunstâncias. Apesar do calor, dos insetos e das chuvas tropicais, continuou leal às instruções que lhe haviam sido dadas por seu governo há muito tempo.

Como deveria ser tratado esse soldado ao ser encontrado? Seria fácil rir dele, chamá-lo de estúpido por continuar a lutar uma guerra que já havia findado há mais de trinta anos.

Em vez disso, sempre que um desses soldados era encontrado, o primeiro contato era feito com todo o cuidado. Um oficial de alta patente do exército japonês colocava seu velho uniforme, tirava sua espada de samurai do armário e, num antigo barco militar, partia para a ilha onde o soldado perdido havia sido localizado. Lá, penetrava na mata, chamando o soldado até que ele respondesse. Quando o encontrava, o oficial agradecia-lhe, com lágrimas nos olhos, por sua lealdade e coragem.

Logo depois, pedia que lhe contasse as experiências pelas quais havia passado e lhe dava as boas-vindas. Somente algum tempo depois, com todo cuidado, o soldado era informado de que a guerra havia terminado e que seu país estava novamente em paz, e por isso ele não precisava mais continuar lutando.

Quando chegava em casa, era recebido como herói, com desfiles e medalhas, por uma grande massa humana que lhe agradecia e comemorava sua árdua luta e sua volta para o seu povo.

O monge e o escorpião

Um monge e seus discípulos iam por uma estrada e, quando passavam por uma ponte, avistaram um escorpião sendo arrastado pelas águas. O monge correu pela margem do rio, meteu-se na água e pegou o bicho na mão. Quando o trazia para fora, o escorpião picou-o e, em virtude da dor, o homem deixou-o cair novamente no rio. Foi então à margem e pegou um galho de árvore, adiantou-se outra vez a correr pela margem, entrou no rio, colheu o escorpião e o salvou. Retornou o monge e juntou-se aos discípulos na estrada. Eles haviam assistido à cena e o receberam perplexos e penalizados.

— Mestre, deve estar doendo muito! Por que salvou esse bicho ruim e venenoso? Que se afogasse! Seria um a menos! Veja como ele respondeu à sua ajuda! Picou a mão que o salvou! Não merecia sua compaixão!

O monge ouviu tranquilamente os comentários e respondeu:

— Ele agiu conforme sua natureza, e eu de acordo com a minha.

Esta parábola nos faz pensar o modo de melhor compreender e aceitar as pessoas com que nos relacionamos. Não podemos e nem temos o direito de mudar o outro, mas podemos melhorar nossas próprias atitudes, sabendo que cada um oferece o que pode. Devemos fazer a nossa parte com muito amor e respeito ao próximo. Cada qual conforme sua natureza, e não conforme a do próximo.

Os mantras

Salve. Com amor vos saúdo! Em um plano mais elevado, os pensamentos movimentam tudo, mas no vosso plano, o percurso é mais longo: as palavras expressam o pensamento e são elas que movimentam parcialmente as coisas. Parcialmente, pois grande parte do que colocais em movimento não é perceptível para vós. Para colocardes em movimento coisas visíveis e palpáveis, dentro da necessária materialidade em que vivem, foram dados a vós os instrumentos materiais. Tendes nas mãos os instrumentos de manipulação da matéria e na palavra, a expressão do pensamento, que coloca coisas mais sutis em movimento.

Qual o meu propósito com isso? Dar-vos a medida necessária do alcance de vossos atos. Como uma equação, cada palavra que falais tem um alcance, uma dimensão, coloca em movimento n partículas de densidade vibratória equivalente a duas vezes o seu próprio potencial molecular, que entra em ressonância direta com as demais partículas liberadas de processos similares por outras pessoas/seres de outras dimensões, indo influenciá-las e sendo influenciado por elas.

Essas partículas, potencializadas entre si pelo efeito ressonante recíproco, formam um campo que, colocado numa zona de magnetismo neutro, poderá ser atraído pela gravidade dos planos de maior densidade, como para a sutileza dos planos luminosos. Se atraído para os níveis mais densos, ela vai retornar com maior rapidez para esse plano físico, pois já estava na sua periferia quando do processo de atração.

Geralmente, as palavras de vibração mais densa vos retornam com mais rapidez na forma de negatividade, enquanto que as mais finas e sutilizadas, que sobem para as dimensões luminosas, essas, ao menos aparentemente, para os parâmetros da Terra, parecem demorar mais a manifestar-se. Acontece que essas vibrações mais sutis vão encontrar eco em planos mais elevados e parte da sua energia vai atuar na requalificação do campo magnético formado por expressões negativas manifestadas descriteriosamente. Ou seja, elas vão desenvolver um trabalho mais amplo e, como existe muito a ser requalificado, muito demora para que se sinta o retorno das vibrações positivas, ao menos da maneira abrangente como se fazem sentir aquelas mais densas.

Numa trajetória simplificada, um mantra de luz deixa sua contraparte etérica no corpo correspondente do ser que o expressou, deixa sua contraparte astral no plano astral do corpo estelar de onde ele foi emanado, reserva sua contraparte mental ao plano correspondente da sua galáxia e eleva sua contraparte espiritual aos mundos de luz superior. Em cada uma dessas partes, ele desenvolve um trabalho específico. O efeito mais imediato é o bem-estar da pessoa que o emitiu, pois ele permanece vibrando no seu corpo etérico e em perfeita ressonância com os trabalhos que estarão sendo desenvolvidos em cada uma de suas contrapartes.

Quanto maior a escala vibratória em que se houver dado um mantra, maiores serão os benefícios, pois ele se desdobrará com maior potência. Existem mantras que sobem até ao plano astral, outros até ao mental, e alguns ficam unicamente impregnados no duplo etérico da pessoa, sem muita força para expandir-se. Quanto mais um mantra se expandir, maiores serão os benefícios, embora fique claro que nem tão evidentes como as catástrofes e as desgraças decorrentes de uma outra vibração. Deve-se, até mesmo, agradecer aos mantras de luz por não haver uma incidência maior de catástrofes, pois se assim acontece é porque os mantras de luz estão requalificando muitas energias que poderiam retornar com uma carga negativa muito superior à que vos atinge em muitas ocasiões.

Fique claro também que depois de emitido um mantra, quem o emitiu não tem qualquer exclusividade sobre os benefícios dele decorrentes e, portanto, fica evidente mais uma coisa: a emissão de um mantra de luz é um ato de amor incondicional. As vibrações sonoras de uma frequência luminosa vão-se agregando umas às outras. Por exemplo, um mantra de prosperidade vai ser atraído por todos os outros que foram emitidos com a mesma frequência e vai trabalhar pela requalificação de energias ligadas à ganância e ao poder, pois requalificando esse aspecto que está fortemente desequilibrado, pode-se trazer prosperidade em abundância para todos.

Pessoalmente, enquanto vibração manifesta no duplo do emitente, ele atua de forma a impulsionar para o seu propósito de forma que a pessoa disponibilizará maiores e melhores ocasiões de prosperidade, estará mais atenta e mais desperta a isso.

No entanto, existem os mantras de polaridade oposta. Não tomemos aqui, como oposto de mantras de luz, a expressão mantras das trevas, pois não corresponde exatamente à realidade. Muitos mantras podem não ser de luz e também não ser das trevas. Podem simplesmente atuar numa faixa neutra, formando uma imensa camada que vai cristalizando-se como uma crosta, onde ficam gravadas imagens banais, de pouco valor para qualquer processo evolutivo e de onde muitos tiram o alimento para o seu dia a dia, pois são vibrações corriqueiras, que aparentemente não fazem mal nem bem, mas que, a longo prazo, fazem um enorme mal a quem se alimenta delas.

Essas são as vibrações neutras.

Agora, vamos às mais densas que, quando na zona de magnetismo neutro, atraem-se para a gravidade. Essas vibrações fazem o mesmo itinerário só que, em vez de se elevar, elas decaem, tirando a vitalidade do emitente, descarregando toda a sua carga energética. Ela também tem uma contraparte que fica no seu corpo etérico, mas como é mais densa, essa contraparte o atrai para baixo, faz peso sobre ele que, não suportando a carga, acaba por emitir mais vibrações de uma mesma natureza, alimentando ainda mais o peso sobre si.

Igualmente aos mantras de luz, a densidade de certos mantras é atraída para a densidade de outros similares. Mantendo o exemplo de ganância e de prosperidade, as vibrações densas de seres gananciosos os firma cada vez mais sobre a terra, aumenta a densidade de suas vibrações e lhes dificulta qualquer atitude de elevação.

Uma quantidade muito grande de uma vibração densa de uma determinada natureza forma um conglomerado espesso que capta, como um ímã, muito mais densidade ainda vinda de vários planos, que usam essa nuvem densa como lata de lixo para suas baixas vibrações, e ela acaba por desabar sobre o foco principal de suas emissões.

Fica claro aqui que densidade de vibrações não significa exatamente as vibrações de impropérios e ditames preconizando catástrofes ou mesmo maldições e coisas impensadas ditas quando não se tem controle sobre o processo consciente de emissão da fala. Esse processo descrito é para tudo o que vibre com peso, que não vise ao amor universal.

E se acaso pensais que ninguém é santo neste mundo para ficar vibrando apenas na sintonia do amor, saibais que isso é um enorme engano. A verdade é que todos são santos e divinos, e que a vibração do amor é a única que encontra perfeita ressonância com os propósitos de criação do universo e é a única mediante a qual podereis ascender um degrau a mais no vosso processo evolutivo, e que o vosso processo evolutivo é apenas um degrau a mais no evolutivo conjunto do vosso planeta que é a mesma parte na evolução da galáxia e assim por diante. Nada existe que justifique esse isolamento entre as pessoas. Se todos vibrarem em harmonia, a luz estará com todos.

Encerrando, meu nome é WLux, pertenço à Unidade Namaster de Estudos Intergalácticos. Estamos em uma unidade circular dividida em nove patamares. É como um grande tubo. Somos monitorados e alimentados pela fonte central desse sistema de naves, que nos coloca em sintonia com processos evolutivos para que possamos visualizar de forma prática as leis universais e todos os esforços necessários para suplantá-las, que, na verdade, como bem sabemos, são desnecessários, pois se há leis, cumpri-las é a única forma de agir com retidão. Não vejais nisso uma acusação, mas sim uma constatação.

Não tivemos um processo como esse. Nossa teoria é decorrente de um longo processo de acompanhamento a universos como esse em que vós viveis.

Peça por novos conhecimentos

Junte tudo o que já sabes e peça muito mais. Peça sempre. Que a matéria te traga conhecimentos da matéria, que o etérico te traga conhecimentos do etérico. Cada coisa tem seu lugar, cada plano tem seu mestre.

Não esperes encontrar na Terra mestres que estão num plano superior; e na Terra, a mais alta autoridade para conduzir-te a todos os mestres, terrenos e ascensos, é o teu próprio Eu Superior. Só ele te mostrará todas as riquezas do verdadeiro conhecimento. É a ele que deves se dirigir e pedir o conhecimento que é teu por direito.

Medite com as energias luminosas

Em qualquer situação de necessidade, clame por seu Anjo de Luz. Meu Anjo de Luz, mostra-me o caminho! Meu Anjo de Luz, mostra-me o caminho! Meu Anjo de Luz, mostra-me o caminho! Basta esse pedido e colocarei um dos meus anjos em teu encalço. Pedirei a eles que mostrem o caminho mais seguro para que atravesses qualquer situação. Não te preocupes mais com as atribulações do cotidiano. Peça uma luz, peça um sinal. Estamos cada vez mais perto de ti e cada vez mais prontos a atender qualquer dos teus chamados. Não te assustes com essas palavras. Não estás se comprometendo escrevendo coisas que, a princípio, parecem utópicas. Agora não são mais. Estamos todos de prontidão. O tempo se faz tardio e não podemos perdê-lo. Assim como tu, muitos estão precisando de uma mensagem, de um carinho, de uma atitude afetuosa para poder, finalmente, acreditar que tudo aquilo pelo qual batalharam não foi em vão. Muitos precisam ter certeza de que não estão sozinhos, pois o maior perigo é que eles desistam agora, no final da jornada.

A batalha ainda não está ganha, mas também não está perdida. Muitos estão no meio do caminho para a salvação, para a ascensão. Muitos se prepararam exaustivamente, vida após vida, esperando por este milagroso momento de contribuir para que todo o planeta se eleve, e exatamente agora, no momento em que podes realizar esse sonho, não fique pensando que é um sonho. Acredite. Faça a ponte entre tua consciência. Aprenda a tecer esse caminho. E é para isso que coloco meus anjos, meus mensageiros ao teu dispor. Peçam e eles ajudarão pela minha ordem, pela minha espada! Todos estarão prontos, sempre prontos a batalhar para que o seu caminho seja cumprido fielmente.

Então, não percas mais tempo achando que foi tudo inútil. Arregace as mangas e se coloque cada vez mais a serviço do amor e do teu crescimento, pois dele resultará o crescimento coletivo.

Agora que te dei algumas palavras de esperança, peço-te que trabalhe muito com as poderosas armas que estão à tua disposição. Não te assustes com o volume de trabalho. Os raios coloridos emanados do grande sol que os ilumina é exatamente o que estamos te dando de presente neste momento. Trabalhe com as energias luminosas. Elas colocarão o brilho correto em cada momento de tua vida; elas o colocarão em contato com os Mestres que estiverem mais afinados com a tua proposta evolutiva e eles ajudarão num nível ainda mais elevado, abrindo caminhos, mostrando emblemas, falando a linguagem do coração que vai entrar direto por tua mente e criar raízes no mais profundo do teu ser.

Medite muito com as energias luminosas. O Azul ao qual pertenço é a mais pura manifestação da vontade de Deus. É onde tudo começa e é para onde tudo virá. É com autoridade que vos falo, com a autoridade da minha espada que combate todos os males que queiram vos afligir, é por esta espada que vos conclamo a desembainhar também as vossas e mostrar vossas verdadeiras faces guerreiras e vos atirarem determinadamente contra o inimigo. Combatam o desamor em vossos corações, tirem as trevas dos vossos pensamentos. Não desanimem jamais. Eu estarei sempre convosco. Sempre no mais profundo amor, pois somos parte de uma mesma legião de esforçados seres que devem conquistar a mais alta plenitude no mais alto lugar que é dado permanecer nesse universo. Somos da mesma falange, nós guerreiros, batalhadores incansáveis. Eu, Miguel, que a vós me identifiquei apenas pelos lampejos de uma espada azul, despeço-me e deixo a mais profunda luz para vossos corações.

A vaquinha

Certa vez, um mestre da sabedoria passeava por uma floresta acompanhado de seu fiel discípulo, quando avistou ao longe um sítio de aparência pobre, e resolveu fazer uma breve visita. Durante o trajeto, ele falou ao aprendiz acerca da importância das visitas e das oportunidades de aprendizado que temos, também com as pessoas que mal conhecemos. Ao chegar, constatou a pobreza do lugar, sem calçamento, casa de madeira; os moradores, um casal e três filhos, vestidos com roupas rasgadas e sujas. Então, aproximou-se do senhor, aparentemente o pai daquela família, e questionou:

— Aqui não há sinais de pontos de comércio e de trabalho. Como o senhor e sua família sobrevivem?

E o senhor respondeu calmamente:

— Caro amigo, temos uma vaquinha que nos dá vários litros de leite diariamente. Uma parte desse produto nós vendemos ou trocamos na cidade vizinha por outros tipos de alimentos, e com outra, produzimos queijo, coalhada e outras coisas para nosso consumo, e deste modo vamos sobrevivendo.

O sábio agradeceu a informação, contemplou o lugar por alguns momentos, depois se despediu e foi embora. No meio do caminho, voltou ao seu fiel discípulo e ordenou:

— Aprendiz, pegue a vaquinha, leve-a ao precipício ali na frente e empurre-a, jogue-a lá embaixo.

O jovem arregalou os olhos, perplexo, e questionou o mestre sobre o fato de a vaquinha ser o único meio de sobrevivência daquela família, mas, como notou o silêncio absoluto do seu mestre, foi cumprir o que lhe fora ordenado. Então empurrou o animal morro abaixo e viu a pobre vaquinha morrer.

Aquela cena ficou marcada na memória daquele jovem durante alguns anos.

Um belo dia, ele resolveu deixar tudo o que havia aprendido e voltar ao mesmo lugar para contar tudo à família, pedir perdão e ajudá-los.

Quando se aproximava do local, avistou um sítio muito bonito, com árvores floridas, todo murado, com carro na garagem e algumas crianças brincando no jardim. Ficou triste e desesperado imaginando que aquela humilde família tivera que vender a propriedade para sobreviver. Apertou o passo e chegando lá, logo foi recebido por um caseiro muito simpático; perguntou sobre a família que ali morava há uns quatro anos, e o caseiro respondeu:
— Continuam morando aqui.

Espantado, ele entrou correndo na casa e viu que era mesmo a família que visitara com o mestre. Elogiou o local e perguntou ao senhor, o dono da vaquinha:
— Como o senhor conseguiu melhorar este sítio e ficar muito bem de vida?

E o senhor, entusiasmado, explicou:
— Tínhamos uma vaquinha, que caiu no precipício e morreu. Depois disso, tivemos de fazer outras coisas e desenvolver habilidades que nem sabíamos que possuíamos. Assim, alcançamos o sucesso que seus olhos vislumbram agora.

O sucesso é ser feliz

Certa vez, indagado sobre como é criar uma obra de arte, Michelângelo respondeu: Dentro da pedra já existe uma obra de arte. Eu apenas tiro o excesso de mármore!

No interior de cada um há uma linda obra de arte, a mais preciosa do Universo. Seu grande desafio é retirar o excesso de mármore e completá-la. Nós mesmos somos os artistas da nossa criação! A grande realidade é que você é a pessoa que escolhe ser. Diariamente você decide se continua como é ou se muda seu modo de ser.

A mais expressiva glória do ser humano é poder participar de sua autocriação.

Procure novos conhecimentos

Quando uma brecha começa a abrir-se, o melhor que tens a fazer é escancarar de uma vez e deixar entrar tudo o que for possível assimilar naquele momento. Uma vez que um lampejo de luz te invadiu a alma e o coração, abriu-te a mente para uma nova maneira de ver e de sentir, de se aperceber de tudo, não deves impedir o acontecimento.

Se uma brecha se abriu, mantenha-a aberta e faça o possível para que se abra ainda mais. É por ela que vão entrar todos os conhecimentos que te serão dados pelo Mestre Maior de todo o Universo, que é a tua própria consciência, agora aberta e acessando tudo diretamente da fonte. Ela te trará mensagens de todos os povos e de todos os seres, todos os deuses falarão por tua boca e todos os mistérios fluirão por tuas ações. Nada será mais velado para tua consciência.

Procure por novos conhecimentos, mas não mais da forma habitual. Procure pelos conhecimentos todos os momentos do dia. Respire fundo. A cada inalação, sinta que as partículas de ar levam junto todo o conhecimento que aquele dia te reserva. Tudo será levado até você por meio da tua respiração. E à noite, ao deitar-te, peça para continuar aprendendo, peça para ter uma boa noite produtiva e laboriosa, peça sempre por conhecimentos. Não importa que eles não te sejam claros no dia seguinte. O que importa é que tenhas acesso, pois no momento certo, eles retornarão, tão vivos como este teu momento, à sua mente para serem utilizados de acordo com tuas necessidades.

O purgatório e o paraíso

A um rabino muito justo foi permitido que visitasse o purgatório (Gehena) e também o paraíso (GanEden).

Primeiramente, foi levado ao purgatório, de onde provinham os gritos mais horrendos dos rostos mais angustiados que já vira em sua existência. Estavam todos sentados numa grande mesa. Sobre ela, avistavam-se iguarias, comidas das mais deliciosas que se possa imaginar, com a prataria e a louça mais maravilhosa que jamais se vira.

Não entendendo por que sofriam tanto, o rabino prestou mais atenção e viu que seus cotovelos eram invertidos, de modo que não podiam dobrar os braços e levar aquelas delícias à boca.

O rabino foi levado posteriormente ao paraíso, onde se ouvia deliciosas gargalhadas e onde reinava um clima de festa. Porém, para sua surpresa, ao observar, encontrou o mesmo ambiente: todos sentados à mesma mesa que avistara no purgatório, contendo as mesmas iguarias, as mesmas louças e os mesmos cotovelos invertidos.

Mas ali havia um detalhe muito especial: cada um levava a comida à boca do outro.

Adaptado de: BONDER, Nilton. *A Cabala do Dinheiro.*

A poderosa energia que vos movimenta é o amor

Estamos atravessando um momento de equalização de energias. Todos os esforços — nossos e vossos — estão voltados para o mesmo fim. Contudo, por vezes, imaginamos que os nossos esforços têm sido maiores, apesar de serem vós quem mais precisai vos esforçar para chegar a algum lugar. A nós foi dada uma missão, a qual cumprimos com amor. Mas quem não se irrita ante uma teimosia tão grande quanto a de muitos de vós. Não julgueis que estou sendo impaciente. Estou querendo, na verdade, dar-vos uma sacudidela, um "safanão" para que deixeis de pôr atenção em detalhes desnecessários de vossas vidas e atentem para o que realmente importa. Bem sabeis que tudo o que precisa ser feito já está sendo dito por muitos e muitos canais das mais diversas formas. Muitas são as modalidades de se fazer os mesmos exercícios, de se ativar os mesmos canais — cada um pode escolher o que melhor lhe aprouver. Muitas mensagens estão sendo enviadas e decodificadas nas mais variadas formas de linguagem, de simbolismos, de padrões culturais... não importa. Tudo está dizendo a mesma coisa e vos levando para o mesmo lugar.

Estejam atentos às mensagens canalizadas por fontes que vós considerais de confiança, vejam aquela cuja linguagem mais se adapta ao vosso modo de ver/pensar e procurai fazer alguma coisa de útil para vós e para os demais. Nada é fácil. Tudo tem suas dificuldades, mas é preciso começar alguma coisa. Sem dar a partida, o jogo nunca chegará ao fim. Aliás, não só não chegará ao fim como não chegará ao meio e nem a lugar algum.

Começai a trabalhar. Começai o mais rápido possível. Aproveitai vossas pequenas horas de folga. O trânsito das grandes cidades deste vosso Planeta contribui para isso. Quando estiverdes em algum meio de transporte, aproveitai o tempo dispendido e começai a trabalhar com a limpeza de vossos processos cármicos usando a chama violeta e requalificando tudo com o azul, dourado e rosa. Isso é muito importante. Vós deveríeis adotar essa prática diariamente. Nada muito longo ou muito desgastante. Pensai em uma fase de vossas vidas e passai uma semana inteira revendo mentalmente seus processos, os pontos de atrito e requalificando as energias; ou relacionai pessoas de contato próximo, bom ou mau, revede estes relacionamentos com a luz adequada e limpai os resíduos acumulados, deixando o caminho livre para o novo.

Quando iniciardes essa prática, que pode perfeitamente ser chamada de autoperdão ou de autolimpeza cármica, vereis que a poderosa energia que os movimenta é o amor, pois tirando os resíduos todos, a única coisa que subsiste é o amor. E é por esse mesmo amor que estamos trabalhando convosco e por vós. Estai em paz.

O Vendedor

Certa ocasião, uma companhia enviou um vendedor de sapatos a uma cidade na África onde ele nunca havia estado. Era um dos vendedores mais antigos e experientes da empresa, e esperavam grandes resultados. Logo após sua chegada à Africa, o vendedor escreveu para a companhia dizendo:
— É melhor vocês me chamarem de volta. Aqui ninguém usa sapatos. A empresa chamou-o de volta e decidiu então enviar um outro vendedor que não tinha muita experiência, mas era dotado de grande entusiasmo. A companhia achava que ele seria capaz de vender alguns pares de sapatos. Pouco depois de sua chegada, ele enviou um telegrama urgente para a firma relatando:
— Por favor, enviem todos os sapatos disponíveis. Aqui ninguém usa sapatos!

Aprenda a usar sua energia

Mantenha os pés firmemente plantados no chão e sinta a energia entrar por eles — entram duas correntes, uma por meio de cada pé. É como uma corrente alternada de um circuito elétrico bipolarizado. Cada um dos seus membros, cada lado do seu corpo expressa uma polaridade diferente. Tenha claro isso. A energia flui e se concentra na potência máxima da sua potencialidade dupla, na forma como vocês são nesse plano físico. Ela se une, positiva e negativa, no seu chakra básico.

A energia entrou positiva por seu pé direito, e negativa, pelo esquerdo. Ela subiu, uniu-se no Básico e vai percorrer todos os chakras com essa dupla polaridade, porque essa energia tem um poder de consecução, tem um poder de criação, e nada se cria no plano físico sem a polaridade — nada se faz só positivo e nem só negativo. E ainda é necessário um terceiro fator, que é a vontade, para que alguma coisa possa acontecer.

Perceba que essa energia flui dentro do seu corpo. Não pode perder seu controle. Ela é sua. Exerça o domínio, exerça o controle, esteja atento a todo o momento.

Pegue essa energia que está no chakra Básico e, pela respiração, vá levando-a aos outros chakras.

Antes de mais nada, visualize os chakras como que alinhavados pelo corpo, formando um único fio condutor que sobe além da cabeça, além do chakra coronário.

Esse é o caminho que a energia deve fazer.

Em cada chakra que passa, ela tem um potencial energético. O Básico, o Esplênico e o Plexo Solar servem basicamente para nutrir as necessidades do corpo material. Do Cardíaco em diante começa o trabalho pela elevação do Ser. No Cardíaco, começa o trabalho pelo Amor Universal, começa o contato com o Cristo Pessoal e o contato com o átomo permanente que acompanha cada Ser desde o início das encarnações.

Sinta como essa energia expande seu chakra cardíaco!

Respire profundamente. Sinta que isso faz bem, que coloca a energia em movimento dentro de você.

Prossiga com a respiração e na hora que se satisfizer, transfira a energia para o próximo chakra. Coloque-a agora no Laríngeo. A esta altura, o fluxo energético já tomou conta do corpo. Pode-se perceber facilmente um formigamento por todo o corpo, um ligeiro tremor, mas isso é só porque não se está acostumado ao fluxo da energia de forma mais intensa.

Agora, caminhe para o frontal e, de olhos fechados, olhe para a frente. Se a mente estiver livre, desimpedida, sem medos e bloqueios, poderão vir imagens de outros planos e de outros níveis. Elas podem aparecer espontaneamente nessa tela mental. Como a energia está concentrada no frontal, de olhos fechados consegue-se olhar para a frente e sentir como se os olhos estivessem abertos.

Perceba o movimento dos olhos, perceba para onde eles estão olhando — procure fixar um ponto nesse vazio. Se não houver imagem alguma, preencha o vazio, crie uma forma simbólica, não importa o que seja. Importa é colocar a atenção nessa forma e manter-se visualizando-a. Exercite a capacidade de concentração.

Se um triângulo formar-se, perceba as variações que ele assume: veja se ele tem uma cor, se é feito só de linhas, se essas linhas têm cor, se ele é todo pintado... existe alguma coisa dentro dele? Perceba as sutilezas, perceba que esse triângulo não tem as faces perfeitamente retas, que ele é plástico, move-se... comece a ver a leveza que as formas têm num outro plano. Você as constrói e elas vão modificando-se, vão alterando-se.

É preciso controle e treinamento para manter-se com firmeza o desenho inicial, o que foi inicialmente projetado. Voltemos ao triângulo inicial. Procure firmar os lados perfeitamente retos; nem que seja por um instante. Fixe esta imagem e não deixe que ela se mova. É extremamente difícil; é preciso ter um mínimo de treinamento para sustentar uma imagem no nível astral.

Preocupe-se com a imagem sem se preocupar excessivamente. Concentre-se nela sem fazer esforços musculares. O seu pensamento é a sua vontade. Pensamento e vontade não movimentam qualquer parte física do corpo. Eles vivem em cada célula, cada membrana, cada espaço vazio, em todo o seu ser, fluindo por dentro e por fora, permeando-o por inteiro; mas eles não ocupam nem um órgão especificamente. Então, será esforço inútil tentar colocar algum músculo a serviço da vontade. Percebe agora o desgaste, cada vez que você retesa por inteiro como forma de fazer valer a vontade ou a intenção de executar algo?

A força do pensamento não reside em parte alguma do corpo físico. São coisas simples que ensinamos, mas isso é porque a simplicidade das coisas anda muito esquecida entre vocês, nos dias de hoje. É preciso que alguém venha e diga que, para construir um triângulo no pensamento, não é preciso franzir a testa, nem enrugar as sobrancelhas e muito menos contrair os músculos das costas: o único esforço físico necessário é a respiração, e mesmo assim, perceba que ela se mantém num ritmo muito mais lento e muito mais tranquilo por si só.

Estamos fazendo um exercício onde se cria uma forma, tenta-se visualizá-la pelo chacra frontal e tenta-se impedir que ela mude de forma por si própria, pois quando as formas se modificam, não pensem que quem o faz é você, à sua vontade. Só quando se consegue firmar com bastante facilidade uma forma fixa por algum tempo é que se pode movimentá-la, direcioná-la para algum lugar.

Por enquanto, é preciso exercitar-se. Controle a ansiedade e tenha paciência. As coisas obedecem a leis claras e definidas. Nem sempre quem atua como canal, recebendo mensagens, tem a capacidade de atuar no plano astral. A disciplina é muito importante.

Tome agora essa energia polarizada, que já vimos que entrou pelas solas dos pés, que vem caminhando e chegou no chakra frontal, e leve-a para o alto da cabeça. Ponha atenção nesse ponto. Para uma mente destreinada, o máximo que se consegue é visualizar alguns raios e reflexos coloridos. Com os olhos fechados, a sensação que se tem é a de que estão acendendo lâmpadas de várias cores sobre a cabeça. Com a prática, estas sensações podem-se tornar intensas visualizações de raios coloridos.

Imagine que essa energia se suspende e vai alinhando-se nos seus corpos superiores, que vai unindo-se aos outros chakras dos outros corpos e que vai elevando-se para trazer compreensão em um nível mais alto.

Sinta-se como se estivesse pendurado por um fio. O corpo todo oscila de um lado para o outro. No momento em que se coloca a energia no coronário, ele se expande e faz a energia jorrar para os chakras dos corpos sutis. Nesse ponto, perde-se o controle sobre a utilização da polaridade, pois a energia adquire uma outra dimensão, uma dimensão cósmica.

Essa energia só pode ser utilizada por você e por seu corpo físico enquanto ela está dentro de seus limites. Na hora em que ela atinge o chakra coronário, ela já está integrada ao Todo e já está fazendo uma outra parte do trabalho com você.

Perceba, então, que a energia vem do centro da Terra, entra pelos pés, alinha-se dentro do corpo e explode para o Universo. Ela não sai polarizada, não sai um foco positivo e outro negativo: ela sai inteira, una, da forma como se colocou no Básico.

Essa energia pode ser disponibilizada pelo corpo, pode ter sua polaridade desmembrada dentro dos limites do corpo e durante todo o percurso por meio dele. Enquanto está nos limites do corpo, ela pode ser utilizada nas suas duas polaridades. É essa utilização no plano da materialidade que é dual e bipolar, porque enquanto ela flui dentro do corpo, ela é una, e é assim que ela vai retornar para a fonte.

A energia sai una da fonte, passa pela Terra, que funciona como um distribuidor de força e a entrega aos humanos de forma dual. As pessoas conseguem unir dentro de si as duas fases e, da mesma forma que a Terra utilizou o positivo e o negativo para transmitir a energia, vocês têm a capacidade de usar este positivo e negativo, que estão inteiros dentro de vocês, na forma de energia completa.

Na verdade, a dualidade faz parte desse nível, desse plano da matéria; mas a energia que cada um traz dentro de si não é material. Ela flui na sua polaridade única, ou seja, ela é positiva e negativa ao mesmo tempo. Só quando se usa a energia para movimentar qualquer coisa no plano físico é que se necessita da polaridade. Aí, é preciso dividir e acrescer-lhe a vontade, pois do contrário ela não se manifesta.

No entanto, para utilizar essa energia no trabalho de contato com as esferas mais elevadas, com outros planos mais sutis, é preciso tê-la de forma inteira e integrada. A energia não pode subir dual por meio dos chakras, pois isso desequilibra. Ela precisa subir junta, positivo e negativo. A forma com que ela chega ao Coronário é a forma que assume, e é dessa forma que vai acessar outros planos.

Com treino e prática, você será capaz de acompanhar em consciência a subida da energia acima do Coronário. Conseguir se estender junto quando a energia ultrapassa o Coronário, com consciência e com vontade, é atingir um desdobramento consciente; é poder acompanhá-la aonde ela levar ou, se se estiver suficientemente treinado, aonde se quiser que ela leve.

Não é aconselhável fazer esse exercício antes de saber controlar a vontade, porque pode-se não saber aonde essa energia vai levar. Ela poderá levá-lo de uma forma que ainda não esteja pronto para interagir. O mais prudente é trabalhar com o treinamento, o autodesenvolvimento e só então empreender uma viagem dessa natureza.

Acredite no poder do amor

Depois de profundos processos meditativos em que a pessoa se coloca em contato com as energias luminosas, na grande maioria das vezes o seu chakra cardíaco se expande enormemente. O que acontece em seguida, ao retornarem, é sentir um grande amor por tudo e por todos. Não coloque seu racional acima do seu coração nestes momentos. Não abafe o poder do amor que você próprio despertou. Deixe-o fluir. Não se preocupe tanto com o que você deixará transparecer.
 Vocês vivem em um mundo onde todo ato amoroso é desencorajado em nome da intelectualidade, da racionalidade, da inteligência. O Amor, aos olhos de muitos, fica parecendo um artigo de categoria inferior e que só os intelectualmente mais fracos podem praticá-lo na mais completa acepção da palavra.
 O que se nota é que a grande massa racional substitui o amor por alguns padrões estereotipados, classificando a forma correta de praticá-lo. Não os culpe por isso. É o estágio evolutivo de cada um. Mas, a partir do momento em que a necessidade de amar mais amplamente bater em seu coração, não a enquadre novamente, pois será um retrocesso. Não se permita isso. Deixe que o espontâneo se manifeste e flua por meio de você. Esse é o amor maior que você foi buscar.

As duas vizinhas

Duas vizinhas viviam em pé de guerra. Nem mesmo podiam encontrar-se na rua, que a briga era certa. Algum tempo depois, dona Maria percebeu o real valor da amizade e decidiu se reconciliar com dona Clotilde. Quando as duas se encontraram na rua, dona Maria disse muito humildemente:

— Querida Clotilde, já estamos nessa discórdia há muitos anos e aparentemente sem motivo algum. Proponho-lhe que façamos as pazes e vivamos, a partir de agora, como duas boas e velhas amigas.

Naquele momento, dona Clotilde estranhou a atitude da antiga rival e disse que ela iria pensar no caso. Durante o trajeto, foi matutando: "Essa dona Maria não me engana: aposto que está querendo aprontar alguma coisa para mim, mas eu não vou deixar barato. Vou mandar-lhe um presente para ver qual será sua reação."

Ao chegar em casa, preparou uma linda cesta de presentes, cobriu-a com um papel bem bonito, porém, encheu-a de esterco de vaca.

"Eu daria tudo só para ver a cara da dona Maria ao abrir esse 'maravilhoso' presente. Vamos ver se ela vai gostar dessa surpresa."

Clotilde ordenou à empregada para levar o presente à casa da rival, acompanhado de um bilhete: "Aceito sua proposta de paz e, para selarmos nosso compromisso, estou enviando este lindo presente."

Dona Maria estranhou o presente de Clotilde, mas não se deixou abalar por essa atitude.

— O que ela está propondo com isso? Afinal, não estamos nos reconciliando? Bem, deixa pra lá.

Passaram-se alguns dias e desta vez é dona Clotilde que atende a porta e recebe uma linda cesta de presentes, toda coberta com um belo papel.

— Só pode ser a vingança daquela asquerosa da Maria. O que será que ela me aprontou? Para sua surpresa, ao abrir a cesta deparou com um lindo arranjo, feito com as mais belas flores que podiam

Além do que se vê   85

existir num jardim, acompanhado de um cartão com a seguinte mensagem: "Estas flores são o que lhe ofereço como prova da minha amizade. Elas foram cultivadas com o esterco que você me enviou. Ele proporcionou ótimo adubo para o meu jardim. AFINAL DE CONTAS, CADA UM DÁ O QUE TEM EM ABUNDÂNCIA EM SUA VIDA."

Nó górdio *

Há centenas de anos, existia o pequeno reinado asiático da Frígia. O seu único motivo de fama era uma carroça especial, estacionada em um dos pátios, que estava presa a uma canga por um espantoso nó, chamado de "nó górdio". Diziam as profecias que quem desfizesse aquele nó, conquistaria o mundo. Mas, durante mais de 100 anos, o nó górdio desafiara todos os esforços de inteligentes reis e guerreiros. Alexandre, o jovem Rei da Macedônia, viajou até a Frígia para tentar desfazê-lo. No dia designado, o pátio ficou repleto de curiosos. Todos haviam falhado, pensavam, e dessa forma, com que novo método poderia Alexandre obter êxito? Sacando da espada, Alexandre cortou, sem dificuldade, o nó em dois.

---

* Adaptado de: Sapos em Príncipes Bandler, RICHARD GRINDER, John Summus Editorial 4ª Ed., pág. 13 e 14.

Trem da vida

Um amigo falou-me sobre um livro que comparava a vida a uma viagem de trem. Uma comparação extremamente interessante, quando bem interpretada.

Isso mesmo, a vida não passa de uma viagem de trem, repleta de embarques e desembarques, alguns acidentes, surpresas agradáveis em alguns embarques e grandes tristezas em outros.

Ao nascermos, embarcamos nesse trem e nos deparamos com algumas pessoas que, julgamos, estarão sempre nesta viagem conosco: nossos pais. Infelizmente, isso não procede. Em alguma estação, eles descerão e nos deixarão órfãos de seu carinho, amizade e companhia insubstituível...

Isso, porém, não impede que, durante o percurso, embarquem pessoas interessantes, e que virão a ser superespeciais para nós. Chegam nossos irmãos, amigos e amores maravilhosos. Muitas pessoas tomam esse trem, apenas a passeio, outras encontrarão nessa viagem somente tristezas, outras ainda circularão pelo trem, prontas a ajudar a quem precisa. Muitos descem e deixam saudades eternas, outros tantos passam por ele de modo que, quando desocupam seu assento, ninguém sequer percebe.

Curioso é constatar que alguns passageiros, que nos são tão caros, acomodam-se em vagões diferentes dos nossos. Então somos obrigados a fazer esse trajeto separados deles. O que não impede, é claro, que no decorrer da viagem, atravessemos com grande dificuldade nosso vagão e cheguemos até eles... Mas, infelizmente, jamais poderemos sentar-nos ao seu lado, pois já haverá alguém ocupando esse lugar.

Não importa, é assim a viagem, cheia de atropelos, sonhos, fantasias, esperas, despedidas... Mas, jamais, retornos.

Façamos essa viagem, então, da melhor maneira possível, tentando relacionar-nos bem com todos os passageiros. Buscando, em cada um deles, o que tiverem de melhor. Lembrando sempre que, em algum instante do trajeto, eles poderão fraquejar e, provavelmente, teremos de entender isso. Porque nós também fraquejamos muitas vezes e, certamente, haverá alguém que nos entenda.

O grande mistério, afinal, é que jamais saberemos em qual estação descer.

Muito menos nossos companheiros, nem mesmo aquele que está sentado ao nosso lado.

Fico pensando se, quando descer desse trem, sentirei saudades... Creio que sim.

Separar-me de alguns amigos que fiz nele será, no mínimo, doloroso. Permitir que meus filhos continuem a viagem sozinhos, com certeza, será muito triste.

Mas me agarro na esperança de que, em algum momento, estarei na estação principal e terei a grande emoção de vê-los chegar com uma bagagem que não tinham quando embarcaram...

E o que vai-me deixar feliz será pensar que colaborei para que ela crescesse e se tornasse valiosa.

Amigos sorridentes, façamos com que a nossa estada nesse trem seja tranquila. Que tenha valido a pena.

E que, quando chegar a hora de desembarcarmos, o nosso lugar vazio traga saudades e boas recordações aos que prosseguirem a viagem.

Trabalhe

Trabalhe muito. Não se negue a trabalhos de qualquer natureza, desde que conduzam à luz.

E vocês saberão distinguir tudo o que conduz à luz:

— Conduz à luz tudo o que lhe dá a certeza de estar aprendendo alguma coisa, de estar se doando de algum forma, de estar se sentindo bem consigo mesmo...

Junte-se aos seus

Abrace a todos com o amor do teu grande coração, iluminado e expandido. Sabes porque estás aqui e qual o caminho que te pertence. Se sabes disso, sabes igualmente todos os que fazem parte dessa jornada. É chegado o momento de trabalhares pelo amor na Terra e por tua própria evolução.
As incríveis coincidências ainda não passaram a acontecer contigo? Se achas que não, deves ficar mais atento.
Observe porque estás levando a vida que levas, porque te relacionas com determinadas pessoas, porque o afeto ou o desafeto afloram em determinadas situações... passe a estar mais presente em tua própria vida para ver que estás exatamente onde deverias estar, e que agora, mais do que nunca, deves assumir o teu lugar. É deste ponto que irás começar a tua ascensão.
Olhe ao teu lado, vê as pessoas. Vós dependeis uns dos outros. Assim, abraçai-os a todos. Uni-vos, colaborai entre vós, amai-vos acima de tudo, com o amor mais puro que o vosso coração for capaz.
Juntos fareis a grande evolução do planeta, juntos vós permanecereis na outra dimensão.

Cuide-se

Aguarde a luz de um novo nascimento.
Ela o espera.
Saiba gerar essa criança que nascerá para a quinta dimensão.

Uma lição para meditar

Numa grande empresa, trabalhava Álvaro, um funcionário sério, cumpridor de seus deveres e, por isso mesmo, já com 20 anos de casa.

Um belo dia, Álvaro dirige-se ao presidente da empresa para fazer uma reclamação:

— Tenho trabalhado durante esses 20 anos em sua empresa com toda a dedicação, e agora me sinto um tanto injustiçado. Juca, que está conosco há somente três anos, está ganhando mais que eu.

O patrão fingiu não ouvi-lo e, cumprimentando-o, falou:

— Foi bom você ter vindo aqui. Tenho um problema para resolver e creio que você poderá ajudar-me. Estou pretendendo dar ao nosso pessoal uma sobremesa para o almoço de hoje. Logo ali na esquina tem uma barraca de frutas. Vá até lá e verifique se tem abacaxi.

Álvaro, sem entender, saiu da sala e foi cumprir a missão que lhe foi designada. Cinco minutos depois, estava de volta.

— Como foi? — disse o patrão.

— Verifiquei como o senhor mandou, e a barraca tem o abacaxi — disse Álvaro.

— E quanto custa cada? — questionou o patrão. — Isso eu não perguntei! — respondeu Álvaro.

— Eles têm quantidade suficiente para satisfazer todos os empregados?

— Não sei — respondeu Álvaro.

— Muito bem, Álvaro, sente-se ali naquela cadeira e me aguarde um pouco.

O patrão pegou o telefone e mandou chamar o Juca. Quando este entrou na sala, o patrão foi logo dizendo:

— Juca, estou querendo dar ao nosso pessoal uma sobremesa para o almoço hoje. Ali na esquina tem uma barraca de frutas, vá até lá e verifique se tem abacaxi.

Em oito minutos, Juca havia regressado.

— E então, Juca? — perguntou o patrão.

— Tem abacaxi, sim. Tem quantidade suficiente para todo o pessoal e se o senhor quiser, eles têm também laranja e banana.

— E o preço? — questionou o patrão.
— Bem, o abacaxi custa R$ 1,00 o quilo; a banana, R$ 0,50 o quilo; e a laranja, R$ 20,00 o cento, já descascada. Mas como eu expliquei que a quantidade era grande, eles me concederam um desconto de 15%. Deixei reservado o abacaxi. Caso o senhor resolva, eu confirmo.

Agradecendo a Juca pelas informações, o patrão dispensou-o, voltou-se para Álvaro na cadeira ao lado e perguntou-lhe:

— Você perguntou alguma coisa quando entrou em minha sala hoje. O que era mesmo?

— Nada sério, patrão — respondeu Álvaro.

Compreenda o que lhe é dito

Acredite naquilo que sobra em sua mente após seus momentos de meditação. Nem tudo aparecerá com a clareza que muitos dizem ter recebido mensagens. Para muitos, aliás, para a grande maioria, as mensagens não vêm rotuladas e assinadas, mas sobram em suas mentes como pensamentos que, muitas vezes, as pessoas acreditam ser delas mesmas. Na verdade, o são, porque se vieram até ela, foi porque ela os procurou e, dessa forma, tais pensamentos a ela pertencem. Então, é preciso acreditar em si, pois se tais pensamentos brotam na sua mente e você próprio desacredita deles, jamais conseguirá colocar-se a serviço de alguma coisa, sequer da sua própria vontade. Não espere que as mensagens se estampem na sua mente, como eu já disse, classificadas e assinadas. Acredite no que elas deixam em você.

Os dois vendedores

Dois vendedores, Tom e Jerry, esquiavam nas montanhas quando avistaram um urso, que andava em busca de alimento. Ao mesmo tempo, aparentemente, o urso também os avistou e, virando-se, começou a caminhar na direção deles.

— Olha lá aquele urso — disse Tom.
— O que ele come?
Jerry, que se orgulhava de sempre saber tudo, respondeu ao amigo:
— Alguns ursos preferem frutas silvestres e mel, mas aquela espécie ali é carnívora.
— O que isto significa?
Jerry sempre suspeitou que Tom não fosse muito inteligente. Achava que ele precisava estudar mais e observar melhor os fatos, mas Tom preferia ouvir o que seus clientes diziam e imaginar novas formas pelas quais poderiam beneficiar-se com seus produtos.
— Carnívoro significa que o urso come carne — disse Jerry.
— Quer dizer que ele come gente?
— Isso mesmo.
— Não existe nenhuma árvore aqui por perto; é melhor corrermos.
Jerry, então, iniciou um sermão:
— Aquele urso é capaz de correr a uma velocidade de trinta quilômetros por hora, e suas pernas são tão fortes que ele pode acelerar muito mais depressa do que um ser humano; portanto, de nada adianta tentar fugir correndo. Tom sentou-se, descalçou as botas de alpinismo, tirou os tênis da mochila e começou a calçá-los.
— Por que você está fazendo isso? — perguntou Jerry.
— Acabei de dizer que você não vai conseguir correr mais do que o urso.
— Não preciso correr mais que o urso. Basta que eu corra mais do que você!

SILVA, José Bernd Jr., *Força de venda: o Método Silva de controle mental para profissionais de vendas*. 2ª Ed., Rio de Janeiro: Record, 1996. p. 198-199.

Siga o seu coração

Nada menos que o amor pode ser o seu guia nessa caminhada. E bem sabeis que o amor reside no seu coração. Siga o seu coração e, curiosamente, você vai perceber que as atitudes amorosas não são banais e tolas. As atitudes amorosas envolvem os mais altos propósitos da criação. Tudo foi criado pelo amor. Por que, exatamente agora, há de surgir essa presunção de que outro tipo de poder esteja no controle? Mera ilusão a de pensarem que podem criar outra forma de movimentar as forças da natureza, pois elas obedecem apenas uma lei e suas coordenadas, e todas essas leis partem sempre de um mesmo ponto, o amor, o coração.

Se acaso pensam que vão determinar o futuro da criação a partir desse pequeno controle que começam a ter sobre a matéria do seu planeta, percam a ilusão. Podem agrupar e desagrupar átomos, células, moléculas, podem desvendar códigos genéticos, descobrir inúmeros segredos e até criar uma nova raça, mas se não colocarem tudo o que vierem a aprender sob o controle do coração, regredirão sempre ao mesmo ponto de onde param. Podem até imaginar que estão caminhando, mas, na verdade, quando acharem que encontraram o caminho, estarão aqui de volta para resgatar tudo o que deixaram de fazer por amor.

Só para resumir, guiar-se pelo coração é encurtar o caminho sem, contudo, significar um atalho.

O acaso e a coincidência *

Uma breve história poderá ilustrar este princípio. Certo dia, uma folha caiu no solo, em uma floresta da Califórnia. Uma lagarta verde, que avançava aos poucos pelo caminho, teve de se desviar bruscamente daquela folha. A lagarta subiu em uma tora de árvore. Quando ela atingiu o topo da tora, um homem se aproximou, ali se sentou, esmagando-a. Ele deu um pulo ao sentir a gosma na calça. Quando voltou para casa, trocou de roupa e levou a calça para a lavanderia local. Lá encontrou uma jovem, começaram a conversar, e depois foram juntos até a cafeteria mais próxima. Começaram a encontrar-se, apaixonaram-se, casaram-se e tiveram um filho, que por ser muito inteligente, foi um ótimo aluno na escola, formou-se em advocacia e entrou para a política, crescendo em seu partido. Assim, por um dia ter uma folha caído na floresta, Richard Nixon tornou-se o 37º presidente dos Estados Unidos. Causa e efeito.

Seja um voluntário

Sinta o arco-íris dentro de você. A energia de todo o sistema atuando em você a cada momento, tornando-o um ser pleno, com todas as capacidades de cada raio luminoso. Veja aquele que mais o atrai e busque pelos mensageiros daquele raio de luz. Peça a eles que lhe transmitam a mensagem daquele raio, que lhe ofereçam a oportunidade de colocar-se, na Terra, a serviço daquela fonte de luz, contribuindo para com a continuidade do serviço que os Mestres e toda a sua legião de auxiliares fazem nos outros planos em seus templos etéricos.

---

* Adaptado de: SILVA, José; GOLDMAN, Burt. O Método Silva de Controle Mental para mudar a sua vida. 4ª Edição, Rio de Janeiro: Editora Record, 1995 — Pág. 42

O Caldeireiro

Diz uma história antiga que um caldeireiro foi contratado para consertar um enorme sistema de caldeiras de um navio a vapor que não estava funcionando a contento. Depois de ouvir a descrição feita pelo engenheiro quanto aos problemas e de haver feito umas poucas perguntas, dirigiu-se à sala de máquinas. Durante alguns instantes, ele olhou para o labirinto de tubos retorcidos, escutou o ruído surdo das caldeiras e o silvo do vapor que escapava; com as mãos, apalpou alguns dos tubos. Depois, cantarolando suavemente só para si, procurou em seu avental alguma coisa e tirou de lá um pequeno martelo com o qual bateu uma única vez numa válvula vermelha brilhante. Imediatamente, o sistema inteiro começou a trabalhar com perfeição, e o caldeireiro voltou para casa. Quando o dono do navio recebeu uma conta de $1.000, queixou-se de que o caldeireiro só havia ficado na sala de máquinas durante quinze minutos e solicitou uma conta detalhada. Eis o que o caldeireiro lhe enviou:

Conserto com o martelo .... $ 0,50
Saber onde martelar .... $ 999,50
_____
.... $ 1.000,00

Hospital do Senhor

Fui ao Hospital do Senhor fazer um *check-up* e constatei que estava doente. Quando Jesus mediu minha pressão, verificou que estava baixa de ternura.

Ao tirar a temperatura, o termômetro registrou 40 graus de egoísmo. Fiz um eletrocardiograma e foi diagnosticado que precisava de uma ponte de amor, pois minha veia estava bloqueada e não podia abastecer meu coração vazio.

Passei pela ortopedia porque estava com dificuldade de andar lado a lado com meu irmão e não conseguia abraçá-lo, pois fraturei o braço ao tropeçar na minha vaidade.

Constatou-se miopia, pois não conseguia enxergar além das aparências.

Queixei-me de não poder ouvi-lo e o diagnóstico mostrou um bloqueio em decorrência das palavras vazias do dia a dia.

Obrigado, Senhor, por não ter me cobrado a consulta, por sua grande misericórdia. Prometo, ao sair daqui, somente usar os remédios naturais que me indicou, os quais estão no receituário de seu Evangelho.

Vou tomar, diariamente, ao acordar, chá de AGRADECIMENTO; ao chegar ao trabalho, beberei uma colher de sopa de BOM DIA e, de hora em hora, um comprimido de PACIÊNCIA com um copo de HUMILDADE.

Ao chegar em casa, Senhor, vou tomar, diariamente, uma injeção de AMOR e ao me deitar, duas cápsulas de CONSCIÊNCIA TRANQUILA.

Agindo dessa forma, tenho certeza de que não ficarei mais doente e todos os dias serão de confraternização e solidariedade.

Prometo prolongar esse tratamento preventivo por toda a minha vida, para que, quando me chamar, seja por morte natural.

Obrigado, Senhor, e perdoe-me por ter tomado o seu tempo.

Do seu eterno cliente.

Mudança de paradigmas

Certa ocasião, um executivo resolveu pescar no fim de semana. Seguindo o exemplo de um bom executivo, ele fez um planejamento bem detalhado: comprou a melhor vara, o melhor anzol, a melhor isca, o melhor carro para o transporte do equipamento e selecionou no mapa o melhor rio, onde havia o melhor peixe da região.

Ao chegar no local, ele se instalou no melhor lugar. Lançou sua isca e esperou. Passaram-se uma, duas, três horas e nada! O executivo não conseguiu pescar um peixe sequer. Eis que então chega um humilde pescador com uma simples varinha de bambu. Ele se senta, lança sua isca no rio e prontamente pesca um peixe bem grande. Em seguida, retira o peixe da água, olha para ele e o devolve ao rio.

Ao ver esse fato, o executivo fica intrigado. Logo depois, o humilde pescador pesca outro peixe enorme. E novamente ele o devolve ao rio. O executivo começa então a ficar irritado.

Finalmente, pesca o terceiro peixe, que era enorme também, e o devolve ao rio. O executivo não suportou, achou que aquilo era uma provocação. Levantou-se e foi até o pescador para tomar satisfações.

— Escuta aqui, há três horas eu estou aqui, com a melhor vara, o melhor anzol, a melhor isca, e não consigo pescar nenhum peixe. O senhor chega, pesca três peixes enormes, um após o outro, e os devolve ao rio. O senhor está querendo me provocar, não é mesmo?

— Não senhor! Por favor, não me leve a mal. O que ocorre é que lá em casa eu só tenho fôrmas pequenas para assar peixe. Então de que me adiantaria levar aqueles peixes enormes se eles não iriam caber nas minhas fôrmas?

Esta metáfora trata da mudança de paradigmas, que são as "fôrmas" nas quais vamos encaixando o mundo, a realidade, nossas experiências e nossas percepções. Assim como nesta história, às vezes precisamos ampliar ou mudar nossas fôrmas a fim de que elas possam abrigar novos elementos, os "peixes enormes" (ou diferentes) que a vida nos manda....

Parte do artigo: *Mudança de Paradigmas* escrito por Nelly Beatriz M. P. Penteado extraído do site: <http://www.geocities.com/nellypenteado/35paradigm.htm>.

O anel

Venho até aqui, professor, porque me sinto tão insignificante, que nem mesmo tenho forças para fazer nada. As pessoas dizem que não sirvo para nada, que não faço nada certo, que sou lerdo demais e muito idiota. Como posso melhorar? O que devo fazer para que os outros me valorizem mais?

O professor sem olhar para o rapaz, disse:

— Sinto muito meu jovem, mas não tenho como o ajudar, devo primeiramente resolver meu problema particular. Quem sabe depois. E fazendo uma pausa:

— Se você me ajudasse, eu teria como resolver este problema mais rápido e depois talvez pudesse ajudá-lo.

— C...Claro, professor — gaguejou o jovem.

Mas novamente ele se sentiu desvalorizado e hesitou em ajudar seu professor. Este, retirou um anel que usava no dedo mínimo, entregou-o ao moço e disse:

— Monte no cavalo e vá até o mercado. Preciso vender este anel porque tenho de saldar uma dívida. É necessário que você obtenha pelo anel o valor máximo possível, porém não aceite menos que uma moeda de ouro. Vá e volte com a moeda o mais rápido que puder.

O jovem pegou o anel e partiu. Mal chegou ao mercado, começou a oferecê-lo aos mercadores, os quais olhavam com certo interesse, até o momento em que o jovem dizia o quanto pretendia pelo anel. Quando o jovem citava uma moeda de ouro, uns riam, outros saíam sem sequer olhar para o objeto. Apenas um velhinho foi dócil, explicando que uma moeda de ouro era muito valiosa para comprar um anel. No intuito de ajudar o jovem, chegaram a oferecer uma moeda de prata e uma xícara de cobre, mas ele seguia a orientação de não aceitar menos que uma moeda de ouro e recusava as ofertas. Depois de oferecer o anel a todos que circularam pelo mercado, abatido pelo fracasso, o jovem montou no cavalo e regressou. Desejou ter uma moeda de ouro para que ele próprio tivesse como adquirir aquela joia, assim se livraria da preocupação de seu professor e poderia receber ajuda e conselhos. Ao entrar na casa, disse:

— Professor, sinto muito, mas foi impossível conseguir o que o senhor me pediu. Eu poderia até conseguir duas ou três moedas de prata, mas não acho que se possa enganar ninguém sobre o valor real do anel.
— Isso é muito importante, meu jovem — contestou o professor com um largo sorriso — precisamos saber primeiro o valor do anel. Monte novamente no cavalo e vá até o joalheiro. Quem melhor que ele para saber o valor real do anel? Diga-lhe que pretende vender o anel e pergunte quanto pagaria pela joia. Independentemente do quanto ele ofereça, não venda o meu anel. Volte e traga-o para mim.
O jovem foi até o joalheiro e lhe entregou o anel para avaliar.
O joalheiro examinou o anel com uma lupa, pesou-o e disse:
— Meu jovem, diga ao seu professor que se ele pretende vender agora, não posso oferecer mais que 58 moedas de ouro pelo anel.
— O que? 58 moedas de ouro!!!
— Sim, confirmou o joalheiro. Posso afirmar-lhe que com o tempo eu poderia dar em torno de 70 moedas, mas se ele tem urgência em vender...
O jovem, cheio de emoção, correu até a casa do professor para narrar o ocorrido.
— Sente-se — falou o professor.
E após ouvir o que o jovem lhe contou, disse:
— Você é semelhante a este anel, uma joia preciosa e única, que somente pode ser avaliada por um profissional. Você imaginava que qualquer pessoa pudesse descobrir o seu real valor??? E após estas palavras, o professor colocou o anel no dedo novamente.
— Meu jovem, todos somos iguais a esta joia. Valiosos, únicos, e caminhamos por todos os mercados da vida esperando que pessoas sem experiência nos valorizem.

Barulho de carroça

Numa manhã, meu pai convidou-me a dar um passeio no bosque. Aceitei prontamente. Ele se deteve numa clareira e após um breve silêncio, perguntou-me:
— Meu filho, além do cantar dos pássaros, você consegue ouvir algo mais? Apurei os ouvidos alguns segundos e respondi-lhe:
— Ouço um barulho de carroça.
— Isso mesmo, falou meu pai. É uma carroça vazia...
Perguntei-lhe:
— Como é possível saber que a carroça está vazia, afinal não a vimos?
— Ora, respondeu meu pai. É muito simples, por causa do barulho. Quanto mais vazia a carroça maior é o barulho que ela faz.

Tornei-me adulto e, até hoje, sempre que vejo uma pessoa falando demais, inoportuna, interrompendo a conversa de todo mundo, tenho a impressão de ouvir a voz do meu pai dizendo:
— Quanto mais vazia a carroça, maior é o barulho que ela faz...

Eu não sou Jesus!

Quando Richard Bandler e John Grinder estavam fazendo terapia particular, eram considerados os mestres da interrupção de padrões. Bandler narrou-me uma história sobre uma visita que fez a uma instituição para doentes mentais e o procedimento com um homem que insistia ser Jesus Cristo, não metaforicamente, não em espírito, mas em carne. Certo dia, Bandler esteve lá para encontrar o tal homem.
— Você é Jesus? — perguntou.
— Sim, meu filho — respondeu o homem.
Bandler disse-lhe:
— Voltarei em um minuto.
Essa atitude deixou o homem um pouco embaraçado. Em três ou quatro minutos, Bandler retornou trazendo consigo uma fita métrica, e pediu ao homem que abrisse os braços. Bandler mediu a largura de seus braços e sua altura da cabeça aos pés. Depois disso, saiu. O homem que afirmava ser Jesus ficou um pouco preocupado.
Algum tempo depois, Bandler voltou com um martelo, alguns pregos grandes e afiados, uma porção de tábuas, e começou a prendê-los em forma de uma cruz.
O homem perguntou:
— O que está fazendo?
Enquanto Bandler colocava os últimos pregos na cruz, perguntou:
— Você é Jesus?
Outra vez o homem respondeu:
— Sim, meu filho.
Bandler disse:
— Então você sabe por que estou aqui. De algum modo, o homem subitamente lembrou-se quem ele era na verdade. Seu antigo padrão já não parecia uma boa ideia.
— Eu não sou Jesus! Eu não sou Jesus! — começou a gritar. Caso encerrado.

Adaptado de: ROBBINS, Anthony. *Poder sem Limites*, São Paulo, Editora Best Seller, 1987 p. 264-265.

Olimpíadas especiais

Em uma das provas das Olimpíadas especiais, nos Estados Unidos, nove participantes, todos eles portadores de deficiência mental ou física, alinharam-se para a largada da corrida dos 100 metros rasos. Ao sinal, todos eles partiram, não necessariamente em disparada, mas expressando a vontade de dar o melhor de si, concluir a corrida e ganhar. Todos, com exceção de um garoto, que, ao tropeçar no asfalto, caiu rolando e começou a chorar. Os outros oito ouviram o choro do menino. Reduziram a velocidade dos passos e olharam para trás. Todos eles, então, viraram e voltaram. Uma das garotas, com Síndrome de Down, ajoelhou-se, beijou o menino e disse:
— Pronto, agora vai sarar.

Logo depois, os nove competidores deram os braços e andaram juntos até a linha de chegada. Todo o público do estádio se levantou, e os aplausos duraram muitos minutos.
E você? Tem voltado para poder ajudar os outros a vencerem?

A visão das coisas

Conta uma popular lenda oriental, que um rapaz chegou à beira de um oásis próximo a um povoado, e aproximando-se de um ancião, perguntou-lhe:
— Que tipo de pessoa vive neste lugar?
— Que tipo de pessoa vivia no lugar de onde você vem? — perguntou por sua vez o ancião.
— Oh, um grupo de egoístas e malvados — replicou o jovem. — Estou feliz por ter saído de lá.
Ao que o velho replicou:
— Pois saiba que você encontrará a mesma coisa por aqui.
Naquele mesmo dia, outro jovem se aproximou do oásis para saciar sua sede, e vendo o ancião perguntou-lhe:
— Que tipo de pessoa vive por aqui? E novamente o velho respondeu com a mesma pergunta:
— Que tipo de pessoa vive no lugar de onde você vem? E o rapaz disse:
— Um magnífico grupo de pessoas, amigas, honestas, hospitaleiras. Fiquei muito triste por deixá-las.
— O mesmo encontrará por aqui, meu jovem — respondeu o ancião. Um homem que havia escutado os dois diálogos perguntou ao velho:
— Como podes dar respostas tão diferentes à mesma pergunta?
E o velho então respondeu:
— Cada um traz em seu coração o meio ambiente em que habita. Aquele que nada encontrou de bom nos lugares por onde passou, não poderá encontrar algo diferente por aqui. Aquele que encontrou amigos lá, também os encontrará aqui, pois, na verdade, a nossa atitude mental é a única coisa em nossa vida sobre a qual podemos manter controle absoluto.

As coisas sempre foram assim

Um grupo de cientistas colocou cinco macacos numa jaula. Em seu centro, eles puseram uma escada e, sobre ela, colocaram um cacho de bananas. Quando um dos macacos subia a escada para pegar as bananas, os cientistas lançavam um jato de água fria nos que permaneciam no chão.

Após certo tempo, quando um macaco ia subir a escada, os demais enchiam-no de pancadas. Passado mais algum período, nenhum macaco queria mais a escada, embora tentados pelas bananas.

Então, os cientistas substituíram um dos cinco macacos. A primeira atitude dele foi subir a escada, ao que os demais rapidamente o retiraram e o surraram. Depois de levar algumas surras, o novo integrante do grupo não mais subia a escada.

Um outro macaco foi substituído, e o mesmo fato se deu, tendo o primeiro substituto participado, com empolgação, da surra ao novato.

Um terceiro foi trocado, e repetiu-se o fato. Um quarto e, por fim, o último dos antigos foi substituído. Os cientistas ficaram, então, com um grupo de cinco macacos que, apesar de nunca terem tomado um banho frio, continuavam batendo naquele que tentasse pegar as bananas.

Se fosse possível perguntar a qualquer um deles porque batiam no macaco que tentasse subir a escada, com certeza a resposta seria: "Não sei, as coisas sempre foram assim por aqui..."

Não perca a oportunidade de mostrar esta história a seus amigos para que, vez por outra, questionem-se por que estão batendo...

"É mais fácil desintegrar um átomo do que um preconceito."
Albert Einstein

Gratidão

Por detrás do balcão, um homem olhava a rua descontraidamente. Uma garotinha se aproximou da loja e amassou o narizinho contra o vidro da vitrina. Os olhos azuis, como da cor do céu, brilharam quando viu certo objeto.

A menina entrou na loja e pediu para ver um colar de turquesas azuis.
— É para minha irmã. Pode, por favor, fazer um pacote bem lindo?
O dono da loja, desconfiado, olhou para a garotinha e lhe perguntou:
— Quanto dinheiro você tem aí?
Sem vacilar, ela tirou do bolso de sua saia um lenço todo amarradinho e começou a desfazer os nós.
Colocou-o sobre o balcão, e muito feliz disse:
— Isto dá, não dá?
Tratava-se de algumas moedas que ela exibia orgulhosamente.
— Sabe, continuou. Quero dar este presente para minha irmã mais velha. Desde que nossa mãe morreu, ela cuida de nós e não tem tempo para ela. Hoje é o seu aniversário, e tenho certeza que ela ficará feliz com o colar que é da cor dos olhos dela.
O homem adentrou a loja. Colocou o colar em um estojo, embrulhou-o com um belíssimo papel vermelho e fez um lindo laço com uma fita verde.
— Tome! — disse para a menina. — Leve-o com muito cuidado.
Ela saiu toda feliz, dando pulinhos pela rua abaixo. O dia ainda não havia acabado, quando uma linda jovem de cabelos loiros e maravilhosos olhos azuis adentrou a loja. Colocou sobre o balcão o já conhecido embrulho desfeito e perguntou:
— Este colar foi comprado aqui?
— Exatamente, senhorita.
— E quanto custou?
— Ah! — disse o dono da loja. — O preço de qualquer produto da minha loja é sempre um assunto confidencial entre o vendedor e o freguês.

A jovem prosseguiu:
— Mas minha irmã possuía apenas algumas moedas. O colar é legítimo, não é? Ela não teria dinheiro suficiente para pagá-lo.

O dono da loja pegou o estojo, embrulhou-o novamente com extremo carinho, colocou a fita e o devolveu à jovem.
— Sua irmã pagou o preço mais alto que qualquer pessoa pode pagar. Ela deu tudo o que possuía!

O silêncio encheu a pequena loja, e duas lágrimas rolaram pelas faces jovens. Enquanto suas mãos tomavam o embrulho, ela retornava ao lar emocionada...

Ensinamentos *

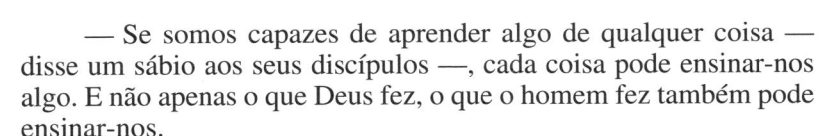

— Se somos capazes de aprender algo de qualquer coisa — disse um sábio aos seus discípulos —, cada coisa pode ensinar-nos algo. E não apenas o que Deus fez, o que o homem fez também pode ensinar-nos.
— O que podemos aprender com um trem? — perguntou um dos estudantes, pondo em dúvida as palavras do Mestre.
— Que num segundo podemos perder tudo — respondeu o sábio.
— E do telégrafo? — indagou o outro.
— Que cada palavra se conta e é cobrada.
— E do telefone?
— Que o que falamos aqui, se ouve lá — concluiu o mestre.

---

* Adaptado de: SPRITZER, Nelson. *O Novo Cérebro*. L & PM Editores, 1995. p. 181.

Basta somente crer

Um casal de ateus tinha uma filha de 5 anos. Os pais jamais lhe falaram de Deus. Certa noite, seus pais brigaram e o pai atirou em sua mãe, e em seguida se suicidou. Tudo isto diante da menininha. Ela foi encaminhada a um lar adotivo. Sua nova mãe, católica, levou-a à Igreja.

Nesse dia, a mãe explicou à catequista que a garota nunca tinha ouvido falar de Jesus e que, por isso, ela tivesse paciência.

A catequista pegou a imagem de Jesus e perguntou a todos:
— Alguém sabe quem é esta pessoa?
Ao que a menininha respondeu:
— Eu sei, eu sei, esse é o homem que estava segurando na minha mão na noite em que meus pais morreram...

A criança é como o Sol*

Sobre a superfície da Terra ocorrem chuvas, ventos e tempestades. Isso pode ser comparado aos diversos aspectos do comportamento das crianças. Ainda que a superfície da Terra encontre-se fustigada pela tempestade, acima das nuvens o céu continua azul e o Sol permanece brilhando. A superfície da Terra, nesta comparação, é a aparência fenomênica; enquanto o Sol, que brilha eternamente sobre as nuvens, é a natureza verdadeira ou a Imagem Verdadeira do ser humano. Do mesmo modo que o Sol brilha sem cessar, independentemente das intempéries fenomênicas, a natureza verdadeira da criança é sempre de bem absoluto, independentemente da imagem de criança boa ou má que se manifesta na forma.

---
* Adaptado de: KEIYO. Educação do Filho de Deus kanuma. Seicho-No-Ie. 6ª Edição. 1999 P. 36.

A arte de Deus

Um homem havia pintado um lindo quadro. No dia de apresentá-lo ao público, convidou todo mundo para apreciá-lo. Compareceram as autoridades do local, fotógrafos, jornalistas, e muita gente, pois o pintor era muito famoso e um grande artista. Chegado o momento, tirou-se o pano que protegia o quadro. Houve caloroso aplauso. Era uma impressionante figura de Jesus batendo suavemente à porta de uma casa. O Cristo parecia vivo. Com o ouvido junto à porta, Ele parecia querer ouvir se lá dentro alguém respondia. Houve discursos e elogios. Todos admiravam aquela obra de arte. Um observador curioso, porém, achou uma falha no quadro: não havia fechadura na porta. E foi perguntar ao artista:
— Sua porta não tem fechadura! Como se faz para abri-la?
— É assim mesmo — respondeu o pintor. — Esta é a porta do coração humano. Apenas se abre do lado de dentro.

A lição do bambu chinês

É sabido que depois que a semente deste interessante arbusto (o bambu chinês) é plantada, não se vê nada por aproximadamente cinco anos, com exceção do lento desabrochar de um diminuto broto, a partir do bulbo. Uma estrutura de raiz maciça e fibrosa, que se estende vertical e horizontalmente pela terra vai sendo formada, até que no final do quinto ano o bambu chinês nasce e cresce até atingir a altura de 25 metros.

Um escritor conhecido como Covey escreveu: "Muitas coisas na vida pessoal e profissional são iguais ao bambu chinês." Você trabalha, investe tempo, esforço, faz todo o possível para nutrir seu crescimento e, às vezes, não vê nada por semanas, meses, ou anos, mas se for paciente e prosseguir trabalhando, persistindo e nutrindo, o seu quinto ano chegará e, com ele, virão crescimento e mudanças que você jamais esperava... O bambu chinês mostra-nos que não devemos facilmente desistir de nossos projetos e de nossos sonhos... Em nosso trabalho, especialmente aquele que é um projeto maravilhoso que envolve mudanças... de comportamento, de pensamento, de cultura e de sensibilização, devemos sempre recordar do bambu chinês, para não desanimarmos facilmente diante das dificuldades que surgirão.

Procure cultivar sempre dois bons hábitos em sua vida: Persistência e Paciência, pois você merece alcançar todos os seus sonhos!!!

Necessitamos de muita fibra para chegar às alturas e, ao mesmo tempo, muita flexibilidade para nos curvarmos ao chão.

Sabedoria chinesa; Adaptado de um Folheto da: ANIMAVERSUM em 22 fev. de 2002.

A importância universal de cada um

Embora minha máquina de escrever seja um modelo antigo, ela funciona bem, exceto uma tecla. Há quarenta e duas teclas que funcionam bem, menos uma, e isso faz uma enorme diferença.

Devemos ter cuidado para que nosso grupo não funcione como essa máquina de escrever e que todos os seus membros trabalhem como devem.

Ninguém tem o direito de pensar: "Afinal, sou apenas uma pessoa e sem dúvida não faz muita diferença a minha participação dentro do grupo." Entendemos que, para um grupo poder progredir eficientemente, é necessário que todos participem ativamente.

Sempre que você achar que não precisam de você, lembre-se da minha velha máquina de escrever e diga a si mesmo: "Sou uma das teclas importantes em todas as atividades de que participo e os meus serviços são necessários. Tenho importância Universal."

Extraído do site <: www.stgermain.org.br>

O cristal de rocha

Você já observou bem de perto um cristal de rocha? Na primeira vez que o observamos, ele não passa de um simples mineral, frio, servindo apenas como objeto de decoração. Essa frieza, entretanto, é só aparente.

Pesquisando, estudando, perquirindo até o cerne, o homem descobriu que uma minúscula partícula desse cristal — ou quartzo — possui vibrações suficientes para alimentar com espantosa precisão aparelhos de alta tecnologia. O magnífico poder do quartzo, que durante séculos esteve protegido no interior da Terra, guardando em suas entranhas o mistério da cristalização da força, é na atualidade largamente utilizado pela ciência nos mais avançados e engenhosos empreendimentos em benefício da humanidade.

Em vez da aparente frieza do quartzo o que existe, na realidade, além de uma sonora transparência e rara limpidez, é uma forte, portentosa e pura energia. O homem sabe disso, porque não se satisfez com o que simplesmente via no cristal em seus aspectos externos, mas penetrou fundo e amadureceu na realidade do precioso mineral.

Assim como no quartzo, em seu interior lateja uma energia gigantesca, concentrada, pronta para ser pesquisada e desenvolvida para que possa movimentar mais precisamente esse valioso e soberano engenho que é sua própria existência.

Extraído do Folheto: Descubra em você essa Energia da Ordem Rosacruz (Disponível em: <www.amorc.org.br>).

Uma história do Talmude

O Rabi Meir estava na Casa de Estudos no momento em que morreram seus dois filhos. Era shabat, dia de descanso, e Brúria, sua esposa, não quis interromper-lhe a reza para avisá-lo. Quando Rabi Meir retornou à casa, Brúria lhe disse que necessitava de um conselho para um problema que muito a afligia:

— Há muito tempo, emprestaram-me duas joias preciosas para que eu zelasse por elas. Eram tão lindas que me apeguei demais a elas. Agora vieram pedi-las de volta. Porém, ficaram comigo tanto tempo que as tenho como se fossem realmente minhas. O que devo fazer?

— Mas como? — respondeu Rabi Meir — Você teria coragem de ficar com o que não lhe pertence? Se foram emprestadas, tem que devolvê-las.

— Foi o que fiz. — disse-lhe Brúria.

— Deus nos emprestou duas joias preciosas, e agora as quis de volta para Ele.

Adaptada do Talmude, Livro de sabedoria judaico. *Revista Thot*. Publicação da Associação Palas Athena nº 60, 1995, p. 40.

O homem que não se irritava

Numa pequena cidade do interior existia um homem que não se irritava e não discutia com pessoa alguma. Sempre encontrava uma solução cortês, não magoava ninguém nem se aborrecia com as pessoas. Ele vivia em uma modesta pensão, onde era admirado e querido por todos. Para testá-lo, um dia seus companheiros combinaram de levá-lo à irritação e à discussão durante um jantar ao qual iriam. Cuidaram de todos os detalhes com a garçonete que atenderia a mesa reservada para a ocasião.

Tão logo começou o jantar, como entrada foi servida uma saborosa sopa, que o homem apreciava muito. A garçonete chegou perto dele, pela esquerda, e ele, prontamente, levou seu prato para aquele lado, no intuito de facilitar a tarefa. Ela, porém, serviu todos os demais e, quando chegou a vez dele, foi embora para outra mesa. Ele aguardou calmamente e em silêncio, até que ela voltasse. Quando a garçonete se aproximou, desta vez pela direita, para recolher o prato, ele levou mais uma vez seu prato na direção da jovem, que novamente se distanciou, ignorando-o. Depois de ter servido todos os demais, passou próximo a ele, acintosamente, com a sopeira fumegante, exalando saboroso aroma, e como quem havia terminado a tarefa voltou à cozinha. Naquele instante, não se ouvia qualquer ruído. Todos observavam sorrateiramente, para ver sua reação. Educadamente, ele chamou a garçonete, que se voltou, fingindo impaciência e lhe disse:

— O que o senhor deseja?

E ele respondeu, naturalmente:

— A senhora não me serviu a sopa.

Mais uma vez ela retrucou, a fim de provocá-lo, desmentindo-o:

— Servi, sim senhor!

Ele olhou para a garçonete, olhou para o prato vazio e limpo e ficou pensativo por alguns segundos... Seus amigos pensaram que desta vez ele brigaria... Suspense e silêncio total.

O homem surpreendeu a todos, falando tranquilamente:

— A senhorita serviu sim, mas eu aceito um pouco mais!

Os amigos, frustrados por não conseguirem fazê-lo discutir e nem se irritar com a garçonete, terminaram o jantar, certos de que nada mais faria com que aquele homem perdesse a compostura.

Seria muito bom se todas as pessoas agissem sempre com conhecimento em vez de reagir com agressividade e sem pensar. Ao protagonista da nossa singela história, não importava quem estava com a razão, e sim evitar as discussões desgastantes e improdutivas. Quem age assim sai ganhando sempre, pois não se desgasta com emoções que podem provocar sérios problemas de saúde ou acabar em desgraça. Muitas brigas surgem motivadas por pouca coisa, por coisas tão sem sentido, mas que se avolumam e se inflamam com o calor da discussão. Isso porque algumas pessoas têm a tola pretensão de não levar desaforo para casa, mas acabam levando para a prisão, para o hospital ou para o cemitério. Daí a importância de aprender a arte de não se irritar, de deixar por menos ou encontrar uma saída inteligente como fez o homem no restaurante.

Pense nisso!

Bodas de ouro

Após longos anos de feliz matrimônio, um casal comemora suas bodas de ouro. Durante o café da manhã, a esposa pensou:

— Durante esses cinquenta anos fui atenciosa para com meu marido e sempre lhe dei a parte crocante de cima do pão. Hoje almejo, finalmente, saborear essa gostosura.

Ela, então, passou manteiga na parte de cima do pão; e a outra metade, deu-a ao marido. Ao contrário do que ela imaginava, seu marido ficou muito satisfeito. Ele beijou a mão da companheira e disse:

— Minha querida, você acaba de me proporcionar a maior alegria do dia. Nesses cinquenta anos, não comi a parte de baixo do pão, que é minha preferida. Sempre pensei que era você quem deveria saboreá-la, já que tanto a aprecia.

Adaptado de: NOSSRAT, Peseschkian, *O Mercador e o Papagaio*. Campinas, Papirus.

O homem é fruto de si mesmo

Há muito tempo, existiu um velho guerreiro e seu discípulo. Este discípulo não conseguia entender que tudo o que ocorria com ele era fruto de seu próprio apego às coisas inventadas por ele próprio em seu dia a dia.

Certa vez, depois de muito pensar, o discípulo indagou:
— Diga-me, mestre, o que é o vento?

O mestre aguardou um pouco e lhe respondeu:
— Ele é a ideia que você faz dele.

O discípulo voltou a questionar:
— Mestre, o que são nossos medos?

E o mestre falou:
— São os fantasmas criados por você no decorrer das idades.

E novamente o discípulo perguntou ao mestre:
— Por que eu sou isto (um homem)?

— Você é o que é porque diz a si mesmo que é assim (um homem).

Logo após, o mestre riu às gargalhadas e saiu cavalgando numa nuvem, até desaparecer.

Adaptado de: SEVERINO, Roque Enrique (Argentino e professor de Filosofia Oriental). ZEN-BUDISMO. Edições Planeta. Ed. Três, n° 136-A, p. 18, Jan. 1984.

A importância do perdão

Ao voltar da aula, o pequeno Zeca entra em casa batendo forte os seus pés no assoalho.

Nesse momento, seu pai, que estava indo fazer alguns serviços na horta, ao ver aquilo chama o garoto, de oito anos de idade, para uma conversa. Zeca acompanha-o desconfiado. Antes que seu pai dissesse alguma coisa, fala irritado:

— Pai, estou com muita raiva. O Juca não poderia ter feito aquilo comigo. Desejo tudo de mau para ele.

Sendo um homem simples, mas cheio de sabedoria, o pai escuta calmamente o filho que continua reclamando:

— O Juca me humilhou na frente dos meus amigos. E isso eu não aceito. Espero que ele fique doente sem poder ir à escola.

O pai ouve toda a reclamação calado enquanto caminha até um abrigo onde guardava um saco cheio de carvão. Levou o saco até o fundo do quintal e o menino o seguiu, quieto. Zeca observa o pai abrir aquele saco e antes mesmo que ele pudesse fazer uma pergunta, o pai lhe faz uma proposta:

— Filho, faz-de-conta que aquela camisa branquinha que está secando no varal é o seu coleguinha Juca e cada pedaço de carvão é um mau pensamento seu, dirigido a ele. Jogue todo o carvão do saco naquela camisa, até o último pedaço. Depois eu volto para ver como ficou.

O menino achou que seria uma brincadeira divertida e tratou logo de executar a ordem do pai. Como o varal com a camisa estava longe do menino, poucos pedaços de carvão acertavam o alvo.

Em uma hora, o menino finalizou a tarefa. O pai que observava tudo de longe, aproxima-se do menino e lhe pergunta:

— Filho como está se sentindo agora?

— Estou cansado, mas alegre porque acertei muitos pedaços de carvão na camisa.

O pai olha para o filho, que fica sem entender a razão daquela brincadeira, e carinhoso lhe fala:

— Vamos até o meu quarto, quero mostrar-lhe uma coisa.

O menino acompanha o pai até o aposento e é colocado na frente de um grande espelho no qual pode ver seu corpo por inteiro. Que susto! Zeca apenas conseguia ver seus dentes e os olhinhos. O pai, então, diz-lhe carinhosamente:

— Filho, você viu que a camisa quase não se sujou; mas, olhe para você. O mal que desejamos aos outros é semelhante ao que lhe aconteceu. Por mais que possamos prejudicar a vida de alguém com nossos pensamentos, a borra, os resíduos, a fuligem ficam sempre em nós mesmos.

Mendigos e trabalhadores

Conta-se que pessoas disseram a Ibn el-Arabi:
— Teu círculo se compõe especialmente de mendigos, pessoas comuns e artesãos. Não podes encontrar pessoas de intelecto que te sigam, para que, deste modo, talvez teus ensinamentos sejam julgados com mais autoridade?

Ibn el-Arabi respondeu:
— O dia da calamidade estará infinitamente mais próximo quando eu tiver homens influentes e eruditos que cantem meus louvores, pois, sem dúvida alguma, o farão para si mesmos e não em virtude de nosso trabalho.

Comande o seu destino

Certa vez, perguntei ao comandante de um navio qual era o recurso ou instrumento mais importante do qual se valia para manter seu curso em alto-mar. Seria a posição do Sol e das estrelas, a bússola, ou um GPS, aparelho que utilizam os satélites para determinar a posição exata em que se encontram?
A resposta dele foi muito diferente da que eu imaginara. O comandante disse que todos os recursos existentes são importantes, mas não garantem que o navio chegue ao seu destino.
O que determina, então, uma viagem segura para seu objetivo?
O comandante ressaltou que as variações nas ocorrências do dia a dia no mar constituem-se grandes problemas na navegação. As tempestades podem, de repente, desencadear-se e obrigar o navio a lutar por seu privilégio de navegar na direção correta. O nevoeiro espesso no mar pode retardar a marcha e desviar o navio da rota. Corre-se o risco de haver pane nos instrumentos e recursos disponíveis. O vento forte e outras tantas condições que estão em constante mudança são mais ou menos inesperadas, mas devem ser previstas, devendo o comandante estar sempre preparado para enfrentá-las. O comandante deve esperar mutações nas condições e saber tirar vantagens. Precisa saber que o nevoeiro não é eterno, que os ventos podem ajudá-lo a sair da tempestade. Tem de saber como se proteger e ao seu navio, e como cooperar com as manifestações da natureza para manter a viagem. Sem o conhecimento de como a natureza se manifesta, a compreensão profunda das Leis Naturais, ele estaria incapacitado para manter o curso e salvar seu navio.
— Devo esperar que ocorra o pior, tenho de ser capaz de compreender e interpretar tudo que aconteça e preparar-me para todas as situações — disse o comandante.
Fui capaz de perceber o quão versado no conhecimento das Leis Naturais deve ser um comandante e sua tripulação, para garantir uma viagem segura. Fiz, imediatamente, uma analogia com os seres humanos que somos, comandantes de nosso próprio navio, e que estamos tentando seguir o curso da vida em direção a um determinado objetivo ou porto,

onde esperamos realizar a plenitude de nossa viagem. Nem todos temos uma meta ou um porto definido em mente ao qual rumamos.

As pessoas que estão passando pela vida sem ter qualquer porto como objetivo não precisam entender esta analogia porque têm muitas outras lições a aprender antes.

Para sermos comandantes de um navio devemos primeiro traçar uma carta e determinar um porto como ponto de chegada de nossa viagem. Para muitos, entretanto, o mar da vida é como a vastidão do oceano. A meta estabelecida não é mais visível do que o porto distante na costa. Não são as tempestades, o nevoeiro e as demais condições mutáveis do oceano mais desencorajadoras e cheias de problemas sérios, do que as tribulações de nossa trajetória pela vida.

Que preparo tem a maioria das pessoas para manter seu curso tão positivo, tão definido, e tão seguramente, como faz o comandante bem preparado, para conduzir seu navio a salvo ao porto distante?

Necessitamos ter capacidade de prever e enfrentar as emergências da vida e manter nosso navio, firmemente no curso correto para vencer tempestades; compreender e desenvolver, mais e mais, as potencialidades interiores, aperfeiçoando-nos como seres humanos com dotes especiais.

A maioria dos que tem um objetivo na vida, muitas vezes, não sabe como desviar de uma repentina tribulação, ou como sair das trevas que os envolveram, justamente, como as tempestades e o nevoeiro para aquele comandante do navio.

Precisamos ter conhecimento das Leis da Natureza e dos mistérios do Universo. A compreensão que o indivíduo tem da vida e seus problemas e o preparo que possui para enfrentar emergências, encorajam-no e permitem que ele conduza o seu navio corretamente. Uma luz dota-o de calma e equilíbrio, de segurança e paz que ultrapassam toda a compreensão; torna capaz de alcançar maior sucesso e felicidade na vida e de saber como vencer os problemas da vida e adaptar-se às situações que poderiam, de outro modo, torná-lo perturbado, desencorajado e incapaz de controlar a sua caminhada com segurança e sucesso.

É necessário desenvolver dons e faculdades interiores que ainda não estão disponíveis nas escolas de formação, em sua maioria preocupadas simplesmente com o desenvolvimento intelectual do ser humano ou de suas habilidades exteriores, ou seja, somente preocupadas com a leitura dos instrumentos. Temos de interpretar, compreender e aceitar cada acontecimento de nossa vida com serenidade, confiança e capacidade de analisar as condições de um modo construtivo. É necessário que saibamos discernir, das coisas que nos cercam, aquelas que são crenças supersticiosas e ignorantes e que devem ser deixadas de lado, das ocorrências que merecem crédito. O entendimento que a pessoa tem da vida e seus problemas e o preparo que possui para enfrentar situações inesperadas, encorajam-na e permitem que ela conduza o seu navio corretamente. Esta luz de iluminação dota-o de calma e equilíbrio, de segurança e de paz, que transcendem toda a compreensão. Esta habilidade capacita o ser humano a alcançar maior sucesso e felicidade em sua vida. Saber como vencer as barreiras cotidianas e adaptar-se às situações que poderiam, de outro modo, torná-los perturbados, desencorajados e incapazes de controlar a sua jornada com segurança e sucesso.

Utilizando o recurso metafórico, este texto mostra o significado do domínio da Vida. Um dos grandes benefícios da Filosofia Rosacruz é exatamente seu caráter eclético e ecumênico. Estes ensinamentos são de grande interesse para estudantes rosacruzes ou para qualquer indivíduo que precise de inspiração em determinado momento da vida, portanto, uma forma excelente de servir ao próximo.

Este material foi desenvolvido para ser usado na divulgação da Filosofia Rosacruz. Disponível em: marketing@amorc.org.br

O segredo do poder sobre os estados de espírito

Um rei, muito poderoso, notou que não detinha o poder sobre todos os poderes. Faltava-lhe o Poder sobre seus Estados de Espírito. Convocou seus ministros para uma reunião e ordenou-lhes que resolvessem o problema. Um deles falou:

— Ouvi dizer que existe, em algum lugar do reino, uma mulher, conhecida como A Sabedoria, que possui um anel dentro do qual há uma mensagem, que é o segredo do Poder sobre os Estados de Espírito.

— Eu, então, ordeno-lhe que encontre este anel e traga-o para mim!

O ministro saiu em busca de seu objetivo. Depois de muito procurar, encontrou-se frente a frente com A Sabedoria. Disse:

— Fui informado sobre a existência de um anel que contém a Sabedoria em forma de uma mensagem que dá a quem a possui o poder sobre os Estados de Espírito. E meu rei quer possuir tal poder.

A Mulher ressaltou:

— O anel realmente existe e eu o possuo. Posso presentear ao seu rei com o anel, mas com uma condição: que apenas o abra e leia a mensagem poderosa depois de ter esgotado todos os seus recursos; quando já não tenha o que fazer por já ter feito tudo o que sabe e pode.

O assessor levou a joia para o rei, que ficou muito satisfeito e o recompensou regiamente. O soberano rei colocou o anel e esperou o momento de abri-lo para assim conhecer o SEGREDO DO PODER SOBRE OS ESTADOS DE ESPÍRITO. Passou-se o tempo, e o rei ficou muito IRRITADO com seus vizinhos, que invadiram seu reino. Pensou em abrir o anel.

— Não. Posso lutar.

Perdeu a luta e foi tomado de muita TRISTEZA. Pensou novamente em abrir o anel.

— Não. Tenho como recuperar o que perdi.

Os invasores chegaram ao castelo para matá-lo, e ele sentiu muito MEDO.

— Abro o anel agora? Não, posso fugir.

Fugiu e foi perseguido. Ao chegar ao penhasco, vendo que leões o aguardavam caso pulasse, com o exército inimigo em seus calcanhares, ATERRORIZADO, pensou: "Já não há mais o que fazer, esgotaram-se todos os recursos. Esta é a hora!"
Abriu o anel e nele havia esta mensagem: Reconfortado, encontrou um lugar para esconder-se e sobreviveu. Sobreviveu e voltou. Reconquistou seu castelo e seu reino. Sentia-se muito ALEGRE. Ficou tentado a abrir de novo o anel, mas pensou: "Vou dar uma festa para extravasar tanta alegria." Durante a festa ficou sabendo que seus exércitos haviam tomado o reino inimigo. Seu coração disparou a ponto de pensar que iria ter um ataque cardíaco, de tão FELIZ. Sentindo-se morrer de felicidade, sem saber mais o que fazer, abriu de novo o anel. E no anel estava escrito: ISTO TAMBÉM PASSARÁ!

A mudança *

Em uma noite no mar, o capitão de um determinado navio pensou que estava vendo luzes de outra embarcação que vinha aproximando-se. Pediu a um de seus homens que sinalizasse para o outro navio.
— Mude sua rota para 10 graus sul.
A resposta veio:
— Mude sua rota para 10 graus norte.
O Capitão do navio respondeu:
— Sou o capitão. Mude sua rota para o sul.
Outra resposta:
— Bem, sou marinheiro de segunda classe. Mude sua rota para o norte.
O Capitão agora estava irritado.
— Eu disse para mudar sua rota para o sul. Este é um navio de combate da Marinha dos Estados Unidos!
E a resposta veio:
— E eu digo mude sua rota para o norte. Este é um farol terrestre.

* Adaptado de: CHUNG, Tom. *Qualidade começa em mim*. São Paulo: Maltese, 1994. p. 245.

Ponto de vista

Uma sábia e conhecida anedota árabe conta que, certa feita, um sultão sonhou que tinha perdido todos os dentes. Logo que acordou, mandou chamar um adivinho para que interpretasse seu sonho.
— Que desgraça, senhor! — exclamou o adivinho. — Cada dente caído significa a perda de um parente de vossa majestade.
— Mas que insolente — gritou o sultão, enraivecido. Como te atreves a dizer-me tal coisa? Fora daqui! O sultão chamou os guardas e ordenou que lhe dessem cem açoites. Depois mandou que trouxessem outro adivinho e lhe contou sobre o sonho. Este, após ouvir o sultão atentamente, disse-lhe:
— Excelso senhor! Grande felicidade vos está reservada. O sonho quer dizer que haveis de sobreviver a todos os vossos parentes.
A fisionomia do sultão iluminou-se num largo sorriso, e ele ordenou que dessem cem moedas de ouro ao segundo adivinho. E quando este se retirava do palácio, um dos cortesãos lhe disse admirado:
— Não é possível! A sua interpretação foi a mesma que o seu colega havia feito. Não entendo porque ao primeiro ele pagou com cem açoites e a você com cem moedas de ouro. Ao que o adivinho ponderou:
— Lembra-te meu amigo, tudo depende da maneira de dizer.

Luz

Chegou o dia em que o fósforo disse à vela:
— Eu tenho a tarefa de acender-te.
Assustada a vela respondeu:
— Não, isto não! Se eu estou acesa, então os meus dias estão contados. Ninguém vai mais admirar a minha beleza.
O fósforo perguntou:
— Tu preferes passar a vida inteira inerte e sozinha, sem ter experimentado a vida?
— Mas queimar dói e consome as minhas forças — sussurrou a vela insegura e apavorada.
— É verdade — respondeu o fósforo. — Mas é este o segredo da nossa vocação. Nós somos chamados para ser luz! O que eu posso fazer é pouco. Se não te acender, eu perco o sentido da minha vida. Eu existo para acender o fogo. Tu és uma vela: tu existes para iluminar os outros, para aquecer. Tudo o que tu ofereceres por meio da dor, do sofrimento e do teu empenho será transformado em luz. Tu não te acabarás consumindo-te pelos outros. Outros passarão o teu fogo adiante. Só quando tu te recusares, então morrerás!
Em seguida, a vela afinou o seu pavio e disse cheia de expectativa:
— Eu te peço, acende-me.

História de Mushkil Gusha

A menos de mil milhas daqui, havia um pobre lenhador viúvo que vivia com sua pequena filha. Todos os dias, costumava ir às montanhas cortar a lenha que trazia para casa e a atava em feixes. Então, após a primeira refeição, caminhava até o povoado mais próximo, onde vendia a lenha e descansava um pouco antes de voltar para casa.

Um dia, ao chegar em seu lar, já muito tarde, a menina lhe disse: "Pai, às vezes, espero que poderíamos ter uma alimentação melhor, com mais fartura e variedade de coisas para comer."

— Está bem minha filha — falou o velho — amanhã me levantarei mais cedo que de costume, irei mais alto nas montanhas, onde há mais lenha, e trarei uma quantidade maior que normalmente tenho conseguido. Voltarei para casa mais cedo, enfeixarei a lenha mais rápido, e irei ao vilarejo vendê-la para que possamos ter mais dinheiro. E lhe trarei toda espécie de coisas deliciosas para comer.

Na manhã seguinte, o lenhador levantou-se antes do sol nascer e partiu para as montanhas. Trabalhou arduamente cortando e empilhando lenha, amarrou num enorme feixe e carregou nos ombros até sua casa. Quando chegou, era muito cedo ainda. Pôs sua carga de lenha no chão e bateu à porta dizendo:

— Filha, filha, abra a porta, pois tenho fome e sede e tenho de comer alguma coisa antes de ir ao mercado.

A porta, porém, estava trancada. O lenhador estava tão exausto que se deitou no chão e logo adormeceu profundamente, ao lado do feixe de lenha. A menina, tendo esquecido completamente a conversa da noite anterior, ainda dormia. Horas mais tarde, quando o lenhador acordou, o sol já estava alto. Bateu novamente à porta dizendo:

— Filha, filha venha logo. Tenho de comer alguma coisa e ir ao mercado vender a lenha, pois já é muito mais tarde do que costumo ir. Mas, havendo esquecido completamente a conversa da noite anterior, a menina já havia levantado-se, arrumara a casa e saíra para uma caminhada. Trancara a porta supondo, em seu esquecimento, que o pai ainda se encontrava no povoado. Então o lenhador pensou

consigo: "Já é tarde demais para ir ao povoado. Voltarei, então, às montanhas e cortarei um outro grande feixe de lenha, que trarei para casa e, assim, levarei ao mercado amanhã uma carga dobrada."
Durante todo aquele dia, o ancião trabalhou arduamente nas montanhas, cortando e enfeixando lenha. Já era noite quando chegou em casa com a lenha nos ombros. Colocou o fardo atrás da casa, bateu à porta dizendo: "Não comi nada o dia todo. Tenho dupla carga de lenha que espero levar amanhã ao mercado. Necessito dormir bem esta noite para recuperar as forças."
Mas o ancião não obteve resposta. A menina estava com muito sono quando chegou em casa. Tinha preparado sua comida e se deitara. A princípio, ficara preocupada com a ausência do pai, mas logo concluiu que ele tinha resolvido passar a noite no povoado.
O lenhador, cansado, faminto e sedento, vendo que não podia entrar em casa, deitou-se mais uma vez ao lado dos fardos de lenha e adormeceu profundamente. Ainda que preocupado com o que pudesse ter acontecido à sua filha, não conseguiu manter-se acordado. No dia seguinte, devido ao frio, à fome e ao cansaço, o lenhador acordou muito cedo, antes mesmo do dia clarear. Sentou-se e olhou à sua volta, mas não podia ver nada. Ocorreu, então, uma coisa estranha. O lenhador pensou ouvir uma voz que dizia:
— "Depressa! Depressa! Deixa a tua lenha e vem por aqui. Se tens muita necessidade e desejas o suficiente, terás um alimento delicioso." O lenhador levantou-se e caminhou em direção à voz. Andou e andou, mas nada encontrou. Já sentia mais frio, fome e cansaço do que nunca e estava perdido. Estivera cheio de esperança, mas isto não parecia tê-lo ajudado. Sentiu-se triste e teve vontade de chorar. Mas percebeu que chorar em nada o ajudaria. Então deitou-se e adormeceu.
Logo acordou novamente, pois estava muito frio e ele sentia demasiada fome para poder dormir. Decidiu então narrar para si mesmo, como se fosse um conto, tudo o que lhe ocorrera desde que a filha lhe dissera que desejava um tipo de comida diferente. Assim que terminou sua história, pensou ouvir outra voz, vinda do alto, como se estivesse saindo do amanhecer, que dizia:
— Velho homem, que fazes aí sentado?
— Estou me contando minha própria história — respondeu o lenhador.
— E como é? — questionou a voz.

O velho repetiu sua história.

— Muito bem — ressaltou a voz.

E então aconselhou ao lenhador que fechasse os olhos e subisse, como se existisse um degrau.

— Mas não vejo nenhum degrau — retrucou o velho.

— Não importa. Faça como eu disse — ordenou a voz.

O velho fez o que lhe foi indicado. Tão logo fechou os olhos, encontrou-se de pé; ao levantar o pé direito, sentiu que sob ele tinha alguma coisa semelhante a um degrau. Começou a subir o que parecia ser uma escada. Subitamente, a escada começou a mover-se muito rapidamente, e a voz falou:

— Não abra os olhos até que eu te indique. Quase que de imediato, a voz mandou que o velho abrisse os olhos. Ao fazê-lo, viu que se encontrava em um lugar parecido com um deserto, com o sol queimante sobre sua cabeça. Estava cercado por montes e montes de pequenas pedras de todas as cores: vermelhas, verdes, azuis e brancas. Parecia-lhe estar sozinho. Olhou em volta e não viu ninguém. Mas a voz recomeçou a falar.

— Pega tantas pedras quanto conseguires — disse —, fecha os olhos e desce novamente os degraus. O lenhador fez conforme lhe foi dito. E, quando a voz ordenou que abrisse novamente os olhos, encontrou-se diante da porta de sua própria casa. Bateu à porta, e sua filha atendeu. Ela lhe perguntou onde havia estado, e o pai lhe contou o que acontecera, embora a menina mal pudesse entender o que ele dizia, pois tudo lhe parecia muito confuso.

Entraram em casa e compartilharam o último alimento que tinham: um pouco de tâmaras secas. Ao terminarem, o velho pensou ter ouvido uma voz que novamente lhe falava, uma voz exatamente igual àquela que o mandara subir os degraus, e que lhe disse:

— Embora não o saibas, foste salvo por Mushkil Gusha. Lembra-te de que Mushkil Gusha está sempre presente. Assegura-te de que todas as quintas-feiras, à noite, comerás algumas tâmaras e darás outras a alguma pessoa carente, a quem contarás a história de Mushkil Gusha. Ou dê um presente em nome de Mushkil Gusha a alguém que ajude aos necessitados.

Faça com que a história de Mushkil Gusha nunca seja esquecida. Se assim procederes e se o mesmo for feito por aqueles a quem contares esta história, as pessoas que tiverem verdadeira necessidade encontrarão seu caminho.

Além do que se vê

O lenhador colocou todas as pedras que trouxera num canto de sua pequena casa. Pareciam muito com simples pedras e ele não soube o que fazer com elas. No dia seguinte, levou seus dois enormes feixes de lenha ao mercado e os vendeu com facilidade por ótimo preço. Ao voltar para o seu lar, levou para sua filha toda espécie de deliciosas iguarias que ela até então jamais havia provado. E quando acabaram de alimentar-se, o velho lenhador falou:
— Agora vou-lhe contar toda a história de Mushkil Gusha. Ele é o dissipador de todas as dificuldades. Nossas barreiras foram dissipadas por Mushkil Gusha e devemos sempre lembrar-nos disso. Durante quase uma semana, o velho homem continuou como fazia habitualmente. Ia às montanhas, trazia lenha, comia alguma coisa, levava a lenha ao mercado e a vendia. Sempre encontrava comprador, sem dificuldades. Chegou então a quinta-feira seguinte e, como é comum entre os homens, o lenhador se esqueceu de repetir a história de Mushkil Gusha.

Naquela noite, já tarde, apagou-se o fogo na casa dos vizinhos do lenhador. Eles não tinham nada com que reacender a chama. Foram à casa do lenhador e disseram:
— Vizinho, vizinho, por favor dê-nos fogo dessas suas maravilhosas lamparinas que vemos brilhar pela janela.
— Que lamparinas? — perguntou o lenhador.
— Venha aqui fora e verás — responderam os vizinhos.

Então o lenhador saiu e viu, realmente, quantidade de luzes que, vindas do interior, brilhavam por sua janela. Voltou para dentro de sua casa e viu que a luz irradiava do monte de pedras que ele colocara em um canto. Mas os fachos de luz eram frios e era inviável usá-los para acender fogo. Tornou então a sair e disse:
— Sinto muito, vizinhos, mas não tenho fogo! — E bateu-lhes a porta na cara.

Os vizinhos ficaram aborrecidos e confusos e voltaram para casa reclamando. Mas aqui eles abandonam nossa história.

Rapidamente, o lenhador e sua filha cobriram as brilhantes luzes com quantos panos encontraram, com medo de que alguma pessoa visse o tesouro que possuíam. Na manhã seguinte, ao retirarem os panos, descobriram que as pedras eram gemas preciosas e luminosas. Levaram-nas, uma a uma, aos povoados vizinhos, onde venderam-nas por muito bom preço. O lenhador resolveu, então, construir um esplêndido palácio para ele e sua filha. Escolheram um lugar exatamente em frente ao castelo do rei de seu país.

Em muito pouco tempo, um rico edifício havia tomado forma. Esse rei tinha uma linda filha que, um dia, ao levantar-se de manhã, viu um castelo que parecia de contos de fadas bem em frente ao de seu pai, e ficou muito surpresa. Perguntou a seus servos:

— Quem edificou esse castelo? Que direito tem essa gente de fazer tal coisa tão perto de nossa moradia?

Os criados saíram para investigar. Regressaram e contaram à princesa a história, até onde eles conseguiram constatar. A princesa mandou chamar a filha do lenhador, pois estava muita zangada com ela, mas, quando as duas meninas se conheceram e conversaram, logo se tornaram grandes amigas. Passaram a encontrar-se todos os dias e iam nadar e brincar no regato que fora construído para a princesa por seu pai.

Dias depois do primeiro encontro, a princesa tirou do pescoço um lindo e valioso colar e pendurou-o em uma árvore bem à margem do regato. Esqueceu-se de pegá-lo ao sair da água e ao chegar em casa, supôs que o tinha perdido. Repensando um pouco, a princesa convenceu-se de que a filha do lenhador havia roubado seu colar. Contou então ao seu pai, que mandou prender o lenhador, confiscou-lhe o castelo e todos os bens que possuía.

O velho homem foi posto na prisão, e sua filha foi internada num orfanato. Como era de praxe naquele país, depois de certo tempo, o lenhador foi retirado do calabouço e levado à praça pública, acorrentado a um poste, com um cartaz dependurado no pescoço. No cartaz estava escrito: "Isto é o que acontece àqueles que roubam dos Reis."

A princípio, as pessoas se juntavam ao redor dele escarnecendo e atirando-lhe coisas. Ele se sentia muito infeliz. Logo, porém, como é comum entre os homens, todos se acostumaram a ver o velho ali sentado junto ao poste e quase nem reparavam nele. Ás vezes, atiravam-lhe restos de comida e, às vezes, nem isso faziam.

Um dia ele ouviu alguém falar que era tarde de quinta-feira. De repente, veio-lhe à mente o pensamento de que logo seria a noite de Mushkil Gusha, o Dissipador de Todas as Dificuldades, que ele havia esquecido de comemorar já fazia muito tempo.

No mesmo momento em que este pensamento lhe chegou à mente, um homem caridoso que por ali passava, lançou-lhe uma pequena moeda. O lenhador chamou-o:

— Generoso amigo, você me deu dinheiro, que para nada me serve. Se, porém, sua generosidade for tanta para comprar uma ou duas tâmaras e vir sentar-se para saboreá-las comigo, eu lhe ficaria eternamente grato. O homem foi e comprou algumas tâmaras. Sentaram-se e comeram-nas juntos. Quando terminaram, o lenhador contou-lhe a história de Mushkil Gusha.

— Acho que você deve estar louco — disse o homem generoso. Mas era uma pessoa bondosa que, por sua vez, enfrentava muitas dificuldades. Quando chegou em casa, naquela noite, observou que todos os seus problemas haviam desaparecido. E isso fez com que começasse a pensar muito a respeito de Mushkil Gusha, mas aqui ele abandona nossa história.

Logo na manhã seguinte, a princesa voltou ao lugar onde se banhava. Quando ia entrar na água, viu algo que parecia ser o seu colar deitado no fundo do regato. No instante em que ia mergulhar para tentar recuperá-lo, espirrou, voltando sua cabeça para trás, viu então que, o que tomara por seu colar, era somente seu reflexo na água. O colar estava pendurado no galho de árvore, onde o deixara havia muito tempo. Pegando a joia, a princesa correu à presença de seu pai e contou-lhe o que acontecera. O rei ordenou que o lenhador fosse posto em liberdade e que lhe fossem apresentadas desculpas públicas. A menina foi trazida do orfanato, e todos viveram felizes para sempre. Estes são alguns dos incidentes da história de Mushkil Gusha. É um conto extenso e que nunca termina. Há muitas formas e algumas nem mesmo são chamadas de histórias de Mushkil Gusha e, por essa razão, as pessoas não a reconhecem. Mas, é por causa de Mushkil Gusha que sua história, em qualquer de suas formas, é recordada por alguém, em algum lugar do mundo, dia e noite, onde quer que haja pessoas. Assim como sua história tem sempre sido contada, continuará para sempre. Você quer repetir a história de Mushkil Gusha nas noites de quinta-feira e assim ajudar ao trabalho de Mushkil Gusha?

O olho

Certo dia, o olho disse:
— Vejo, além destes vales, uma montanha velada pela cerração azul. Não é linda? O ouvido pôs-se a escutar e, depois de ter ouvido atentamente por algum tempo, falou:
— Mas onde existe montanha? Não ouço nada!
Assim disse a mão:
— Estou tentando em vão senti-la ou tocá-la e não encontro montanha em lugar algum.
E o nariz expressou:
— Não há montanha alguma. Não sinto nenhum cheiro! O olho então virou-se para o outro lado e todos começaram a conversar sobre a estranha alucinação do olho.
E comentavam:
— Há qualquer coisa errada com o olho...

Khalil Gibran.

As três peneiras de Sócrates

Um homem foi ao encontro de Sócrates levando ao filósofo uma informação que pensava ser de seu interesse:
— Quero falar-te uma coisa a respeito de um amigo teu!
— Espera — disse o sábio. Antes de contar-me, quero saber se fizeste passar essa informação pelas três peneiras.
— Três peneiras? Que queres dizer com isso?
— Temos sempre de usar as três peneiras. Se não as conheces, presta bem atenção. A primeira é a peneira da VERDADE. Tens certeza de que isso que pretendes dizer-me é verdade?
— Bem, foi o que ouvi outros contarem. Não sei necessariamente se é verdade.
— A segunda peneira é a da BONDADE. Certamente, deves ter passado a informação pela peneira da bondade. Ou não?
Envergonhado, o homem respondeu:
— Devo confessar que não fiz isso.
— A terceira, é a da UTILIDADE. Pensaste bem se é útil o que vieste falar a respeito do meu amigo?
— Útil? Na verdade, não.
— Então — disse-lhe o sábio — se o que queres contar-me não é verdadeiro, nem bom, nem útil, é melhor que o guardes somente para ti.

Pegadas na areia

Certa noite, tive um sonho...
Sonhei que estava caminhando na praia com o Senhor, e através do Céu passavam cenas de minha vida. Para cada cena que passava, notei que eram deixados dois pares de pegadas na areia; dos pares um era o meu, e o outro, do Senhor. Quando a última cena de minha vida passou diante de nós, olhei para trás, para as pegadas na areia, e percebi que muitas vezes no percurso da minha vida havia somente um par de pegadas na areia. Pude perceber, ainda, que isso aconteceu durante os momentos mais difíceis e angustiosos da minha vida. Isso entristeceu-me muito e, então, perguntei ao Senhor:

— Senhor, Tu me disseste que, uma vez que eu resolvi Te seguir, Tu andarias sempre comigo, em todo o caminho. Contudo, percebi que durante os momentos mais difíceis do meu viver, havia apenas um par de pegadas na areia. Não entendo porque nas horas em que mais precisei de Ti, Tu me deixaste sozinho.

O Senhor, então, disse-me:

— Meu filho querido. Jamais te deixaria nas horas de dor e de sofrimento. Quando vistes na areia, apenas um par de pegadas, eram as minhas. Foi exatamente aí que EU TE CARREGUEI EM MEUS BRAÇOS.

A "cabeça de deus"

Conta-nos uma velha lenda hindu que houve uma época em que todos os homens na Terra eram deuses, mas que eles pecaram e abusaram tanto do Divino, que Brahma, o deus dos deuses, decidiu que a "cabeça de deus" seria extraída dos homens e escondida num lugar onde eles jamais pudessem encontrá-la e abusar dela. Um dos deuses disse:
— Vamos enterrá-la bem fundo no chão.
Brahma falou:
— Não, o homem vai cavar a terra e encontrá-la.
Outro deus então sugeriu:
— Vamos colocá-la no mais fundo oceano.
Brahma ponderou:
— Não, o homem aprenderá a mergulhar e poderá encontrá-la algum dia.
Um terceiro deus sugeriu:
— Por que não a escondemos na mais alta montanha? Brahma ressaltou:
— Não, o homem pode escalar a mais alta montanha. Tenho um lugar melhor. Vamos escondê-la no próprio homem, pois se trata de um lugar onde ele jamais pensará em procurá-la. Todo o conhecimento já se encontra no íntimo do homem, que necessita reconhecê-lo e usá-lo para o bem comum.

O amor vence sempre

Há muitos e muitos anos, um rapaz e uma moça se apaixonaram e decidiram se casar. Eles não tinham dinheiro, mas não se importavam com isso. A confiança mútua gerava a fé num futuro promissor, desde que tivessem um ao outro. Deste modo, marcaram a data para unirem-se em corpo e alma.

Antes do casamento, a moça fez um pedido ao noivo:
— Não posso nem imaginar que um dia nós dois possamos nos separar. Mas pode ser que, com o tempo, cansemos um do outro, ou que você se aborreça e me mande de volta para a casa de meus pais. Prometa que, se algum dia isso ocorrer, deixará que eu leve comigo o bem mais precioso que eu tiver então.

O noivo riu, achando uma bobagem o que ela dizia. A moça, porém, não ficou satisfeita enquanto ele não lhe prometeu por escrito o compromisso e devidamente assinado. Uniram-se em matrimônio.

Decididos a prosperar, trabalharam arduamente e foram recompensados. Cada novo sucesso os fazia mais determinados a sair da pobreza, e trabalhavam ainda mais. O tempo passou, e o casal prosperou. Conseguiram uma situação estável, cada vez mais confortável e, finalmente, ficaram ricos. Mudaram-se para uma ampla casa, conquistaram novos amigos e se cercaram dos prazeres da vida.

Mas, dedicados em tempo integral à ascensão financeira, aprenderam a pensar mais nas coisas do que um no outro. Discutiam sobre o que comprar, quanto gastar, como aumentar o patrimônio.

Certo dia, enquanto preparavam uma festa para amigos importantes, discutiram sobre uma bobagem qualquer: o sabor do molho, os lugares à mesa ou coisa assim. Começaram a alterar a voz, a gritar, e chegaram às inevitáveis acusações.

— Você não liga para mim! — gritou o marido — Só pensa em você, em roupas e joias. Pegue o que achar mais valioso, conforme prometi, e volte para a casa de seus pais. Não há motivo para continuarmos juntos.

A mulher empalideceu e encarou-o com um olhar magoado, como se acabasse de descobrir uma coisa insuspeita.

— Muito bem — disse ela baixinho — quero mesmo ir embora. Mas devemos ficar juntos esta noite e receber nossos amigos, para salvar as aparências.

A noite chegou. A festa teve início, com toda pompa e fartura que a riqueza permitia. Alta madrugada, os convidados retiraram-se, e o marido adormeceu. Ela então fez com que o levassem à casa dos pais dela e o pusessem na cama.

Na manhã seguinte, quando ele acordou, não entendeu o que havia ocorrido. Não sabia onde estava e, quando se sentou na cama para olhar em volta, a mulher aproximou-se.

— Querido marido, você prometeu que, se algum dia me mandasse embora eu poderia levar o bem mais precioso que tivesse no momento. Você é o que tenho de mais valioso. Quero você mais do que tudo na vida, e só a morte poderá nos separar.

Nesse instante, ele viu o quanto ambos tinham sido egoístas. Tomou a esposa nos braços e beijaram-se ternamente.

No mesmo dia, voltaram para casa, mais apaixonados do que nunca.

Ao homem, o que lhe compete*

A experiência superior e o conhecimento serão acessíveis ao homem, ou à mulher, na exata proporção com seu próprio valor, sua capacidade e seu poder para ganhá-lo. Portanto, se um burro vê um melão, degustará sua casca; as formigas comerão o que conseguirem; o homem consumirá sem mesmo saber o que consumiu. Nossa meta é conseguir, pela compreensão da Origem, o conhecimento que vem por meio da experiência. Isto acontece como uma viagem, somente com os que já conhecem o Caminho. Esta classe de justiça é a maior de todas: porque enquanto o conhecimento não se pode negar ao que o merece, não pode ser dado ao que não o merece. É a única justiça que leva em si a faculdade de discriminação própria da justiça inerente.

*Yussuf Hamadani.

Cicatrizes

Havia um garotinho que tinha um gênio muito ruim. Seu pai lhe deu um saco cheio de pregos e lhe disse para que cada vez que perdesse a paciência, batesse um prego na cerca dos fundos da casa.

No primeiro dia, o garoto pregou 37 pregos na cerca. Porém, gradativamente, o número foi decrescendo. O garotinho descobriu que era bem mais fácil controlar o seu gênio do que pregar pregos na cerca.

Finalmente, chegou o dia em que o garoto não perdeu mais o controle sobre o seu gênio. Ele contou isso a seu pai, que lhe sugeriu que tirasse um prego da cerca em cada dia que ele fosse capaz de controlar o seu próprio gênio. Os dias foram passando, até que finalmente o garoto pôde contar ao seu pai que não havia mais pregos a serem tirados.

O pai pegou o filho pela mão, levou-o até a cerca e disse:

— Você fez bem garoto, mas dê uma olhada na cerca. Ela nunca mais será a mesma. Quando você diz coisas, nervoso, elas deixam uma cicatriz como esta. Você pode esfaquear um homem e retirar a faca em seguida e, não importando quantas vezes você diga que sente muito, a ferida continuará ali.

Uma ferida verbal é tão ruim quanto uma física. Amigos são coisas raras. Eles o fazem sorrir e o encorajam a ter sucesso. Eles sempre ouvem o que você tem a dizer, têm uma palavra de apoio e sempre querem abrir, a você, o coração.

Tenha sempre isso em mente antes de irar-se contra alguém.

O que é meditação?

Um discípulo dirigiu-se a um Mestre Zen e perguntou:
— Mestre, estou inquieto. Diga-me, o que é meditação?
Ao que o Mestre Zen lhe respondeu:
— Você vive num mundo hipnotizado pela ilusão do tempo, um mundo em que o momento presente é inteiramente negligenciado, ou somente visto como um tênue fio que divide um passado todo-poderoso e causativo de um futuro extraordinariamente importante e sedutor. Por um lado, sua consciência está inteiramente ocupada com memórias passadas e, por outro, com expectativas futuras. Você medita quando fica atento ao que acontece, aqui e agora, sem apegos; você medita quando sua mente percebe, sem julgamentos, aquilo que realmente é; você medita quando, sem deixar de estar consciente do seu corpo e da sua mente, e do vozerio do mundo que o cerca, você vai ficando cada vez mais sintonizado com a voz do silêncio, com a sabedoria da sua essência íntima. Você medita ainda mais valiosamente quando, no meio do burburinho da vida, no centro do alvoroço e dos desafios do cotidiano, leva consigo a mesma quietude interior que transforma o seu coração no Templo do Espírito; você medita quando nem vive integralmente neste mundo nem fora dele, e quando embriaga a sua mente nas águas da criação e da inteligência divinas para que, com sua atitude, cada ser, cada coisa possa despertar para a sua qualidade primordial; porém, você medita quando, na agonia da indecisão, diz:
"Não se faça a minha vontade, Deus, mas a Sua."

Uma nova chance

Havia um homem muito rico, possuía muitos bens, uma grande fazenda, muito gado e vários empregados a seu serviço.

Seu herdeiro seria seu único filho, que, ao contrário do pai, não gostava de trabalho nem de compromissos.

O que ele mais apreciava eram as festas, estar com seus amigos e ser bajulado por eles.

O pai sempre advertia o filho de que seus amigos só estariam ao seu lado enquanto ele tivesse o que lhes oferecer, depois o abandonariam. Os insistentes conselhos do pai lhe retiniam os ouvidos e logo se afastava sem dar o mínimo de atenção.

Certo dia o pai, já em idade avançada, disse aos seus empregados para construírem um pequeno celeiro onde ele próprio fez uma forca, e nela, colocou uma placa com os dizeres: "Para você nunca mais desprezar as palavras de seu pai."

Mais tarde chamou o filho, levou-o até o celeiro e disse:

— Meu filho, já estou velho e quando eu partir, você tomará conta de tudo o que é meu, e sei qual será o seu futuro. Você deixará a fazenda nas mãos dos empregados e gastará todo o dinheiro com seus amigos. Poderá vender os animais e os bens para sustentar-se e, quando não tiver mais dinheiro, seus amigos afastar-se-ão de você. E quando não tiver mais nada, vai-se arrepender amargamente de não ter me dado ouvidos. Por isso eu construí esta forca; sim, ela é para você, e quero que você me prometa que se acontecer o que eu disse, você se enforcará nela.

O jovem riu, achou absurdo, mas para não contrariar o pai, prometeu e pensou que jamais isso aconteceria.

O tempo passou..., o pai morreu e o filho tomou conta de tudo, mas assim como foi previsto, o jovem gastou tudo, vendeu os bens, perdeu os amigos e a própria dignidade.

Desesperado e aflito, começou a refletir sobre a sua vida e notou que havia sido um tolo, lembrou-se do pai, começou a lamentar e dizer:

— Ah, meu pai, se eu tivesse ouvido os seus conselhos, mas agora é tarde, e tarde demais.

Cheio de pesares, o jovem levantou os olhos e ao longe avistou o pequeno celeiro, era a única coisa que lhe restava.

A passos lentos se dirigiu até lá e, adentrando, viu a forca e a placa empoeirada:

— Eu nunca segui as orientações do meu pai, não pude alegrá-lo quando estava vivo, mas pelo menos desta vez vou fazer a sua vontade, vou cumprir o que lhe prometi, não me resta mais nada.

Então o jovem subiu os degraus, colocou a corda no pescoço e disse:

— Ah se eu tivesse uma nova oportunidade....

Então pulou, sentiu por um instante a corda apertar sua garganta, mas o braço da forca era oco e quebrou-se facilmente.

O rapaz caiu no chão, e sobre ele caíram joias como esmeraldas, pérolas e diamantes. A forca estava cheia de pedras preciosas e um bilhete que dizia:

— "Esta é a sua nova chance, eu te amo muito. Seu pai."

A hospedaria*

O ser humano é uma hospedaria. Toda manhã há uma nova chegada: uma alegria, uma depressão, uma mesquinharia. Como um visitante inesperado.

Dê boas-vindas e receba a todos! Mesmo que seja uma multidão de tristezas, que violentamente devasta sua casa deixando-a sem mobília. Ainda assim, trate a cada hóspede com honra. Ele pode estar limpando você para uma nova delícia. Os pensamentos negros, a vergonha, a malignidade, receba-os à porta, rindo, e convide-os a entrar. Seja grato a quem quer que chegue, porque cada um foi enviado como uma proteção do além.

Rumi.

Três árvores sonhadoras

No alto de uma montanha, havia três árvores que sonhavam o que seriam depois de grandes.
A primeira, olhando as estrelas, disse:
— Quero ser o baú mais precioso do mundo, cheio de tesouros.
A segunda, contemplando o riacho, suspirou:
— Quero ser um navio bem grande para transportar reis e rainhas.
A terceira olhou o vale e manifestou seu desejo:
— Quero ficar aqui no alto da montanha e crescer tanto, que as pessoas ao olharem para mim levantem os olhos e pensem em Deus.
Muitos anos se passaram e, certo dia, três lenhadores cortaram as árvores que estavam ansiosas em ser transformadas naquilo que sonhavam. Mas os lenhadores não tinham o hábito de ouvir ou entender de sonhos... Que pena...
A primeira árvore acabou sendo transformada em um cocho de animais, coberto de feno.
A segunda, foi transformada em um simples barco de pesca, carregando pessoas e peixes todos os dias.
A terceira foi cortada em grossas vigas e colocada de lado num depósito.
Então, desiludidas e tristes, as três perguntaram:
— Por que isso?
Entretanto, numa bela noite, cheia de luz e estrelas, uma jovem mulher colocou seu bebê recém-nascido naquele cocho de animais e, repentinamente, a primeira árvore notou que continha o maior tesouro do mundo.
A segunda, estava transportando um homem que acabou por dormir no barco em que foi transformada. E quando a tempestade quase afundou o barco, o homem levantou-se e disse:
— Paz!
E de repente, a segunda árvore entendeu que estava transportando o rei do Céu e da Terra.
Tempos mais tarde, numa sexta-feira, a terceira árvore espantou-se quando suas vigas foram unidas em forma de cruz e nela um homem foi pregado.

Logo, sentiu-se horrível e cruel.

No domingo seguinte, porém, o mundo vibrou de alegria. E a terceira árvore percebeu que nela havia sido pregado um homem para a salvação da humanidade, e que as pessoas sempre se lembrariam de Deus e de Seu Filho ao olharem para ela.

As árvores haviam tido sonhos e desejos, mas, sua realização foi mil vezes maior do que haviam imaginado.

Portanto, não se esqueça: "Não importa o tamanho do seu sonho. Acreditando nele, sua vida ficará mais bonita e muito melhor para ser vivida."

O êxtase da oração *

Uma pessoa solicita a um sufi: "Ensina-me a orar."

— Você já está não apenas rezando — diz o sufi — bem como uma parte de seu espírito está frequentemente ocupada com orações.

— Eu não entendo — replica o outro —, já há alguns meses, sou incapaz de orar a Deus, não sei porquê.

— Você me disse: "Ensina-me a orar." Você não mencionou Deus. Saiba que a oração em que estás extasiado há vários meses está destinada a seus vizinhos, porque você sempre se preocupa com o que eles pensam de você. Permanentemente, você faz também uma oração ao ídolo do dinheiro, pois isso é o que você deseja. Sua oração se destina ainda a uma imagem da segurança e a uma imagem da abundância. Se você tem vários deuses e se ora intensamente ao ponto que isso constitua uma parte eterna de seu ser, é por acaso espantoso que você não tenha lugar para outro tipo de oração?

---

* Adaptado de: SHAH, Idries. *O Buscador da Verdade*.

Força de vontade

Um garoto de apenas 10 anos decidiu praticar judô, apesar de ter perdido seu braço esquerdo em um terrível acidente de carro.

Disposto a enfrentar as dificuldades e suas limitações, passou a ter lições com um velho mestre japonês.

O menino ia muito bem. Mas, sem entender por que, após três meses de treinamento, o mestre lhe tinha ensinado somente um movimento. O garoto então questionou:

— Mestre, não devo aprender mais movimentos?

E o mestre, calmo e convicto, respondeu ao menino:

— Este é realmente o único movimento que você sabe, mas é o único que você precisará saber.

Sem entender completamente, mas confiando em seu mestre, o menino manteve-se treinando. Alguns meses depois, o mestre inscreveu o menino em seu primeiro torneio. Surpreendendo-se, o garoto venceu facilmente seus primeiros dois combates. O terceiro, revelou ser o mais difícil, mas depois de algum tempo, seu adversário tornou-se impaciente e agitado. Foi então que o menino usou o seu único movimento para ganhar a luta.

Admirado ainda com seu sucesso, o menino estava agora nas finais do torneio. Desta vez, seu oponente era bem maior, mais forte, e mais experiente.

Preocupado com a possibilidade de o garoto se machucar, cogitaram em cancelar a luta, quando o mestre interveio:

— De modo algum! Deixe-o continuar.

Desta forma o garoto, usando os ensinamentos do mestre, entrou para a luta e, quando teve oportunidade, usou seu único movimento para prender o adversário.

Foi assim que ele ganhou a luta e o torneio. Era o campeão. Mais tarde, em casa, o menino e o mestre reviram cada movimento em cada luta. Então, o menino criou coragem para perguntar o que estava, na verdade, em sua mente:

— Mestre, como consegui ganhar o torneio com apenas um movimento?

— Você ganhou por duas razões — respondeu o mestre. — Em primeiro lugar, você dominou um dos golpes mais difíceis do judô. E em segundo lugar, a única defesa conhecida para esse movimento é o seu oponente agarrar seu braço esquerdo.

A maior fraqueza do menino tinha-se transformado em sua maior força...

O que realmente tem valor é o poder da determinação.

O poder da imaginação

Conta certa lenda que duas crianças patinavam num lago congelado. A tarde estava nublada e fria, e as crianças brincavam sem preocupação.

De repente, o gelo quebrou-se e uma das crianças caiu na água.

A outra, vendo que seu amiguinho se afogava debaixo do gelo, pegou uma pedra e começou a golpear com todas as suas forças, conseguindo quebrar o gelo e salvar o amigo.

Quando os bombeiros chegaram e viram o que havia ocorrido, perguntaram ao menino:

— Como você fez isso? É impossível que tenha quebrado o gelo com essa pedra e suas mãos tão pequenas!

Nesse instante, apareceu um ancião e ponderou:

— Eu sei como ele conseguiu.

Todos questionaram:

— Como?

O ancião respondeu:

— Não havia ninguém por perto para dizer-lhe que não poderia fazer!

*"SE PODES IMAGINAR, PODES CONSEGUIR."

---
* Albert Einstein.

A nota de 100 reais

Em uma sala com 200 pessoas, um famoso palestrante iniciou um seminário segurando uma nota de 100 reais. Ele, então, perguntou:
— Quem quer esta nota de 100 reais?
Muitas mãos começaram a erguer-se.
Ele disse:
— Darei esta nota a um de vocês, mas primeiro, deixem-me fazer isto!
Ele amassou a nota e perguntou, outra vez:
— Quem ainda quer esta nota?
As mãos continuaram erguidas.
— Bom — disse o professor — e se eu fizer isto? Ele deixou a nota cair no chão, começou a pisá-la e esfregá-la. Depois pegou a nota, desta vez imunda e amassada, e perguntou:
— E agora? Quem ainda quer esta nota?
Todas as mãos continuaram erguidas.
Meus amigos, vocês todos devem aprender esta lição:
— Não importa o que eu faça com o dinheiro, vocês ainda irão querer esta nota, porque ela não perde o valor. Ela continua valendo 100 reais. Essa situação também acontece conosco. Muitas vezes, em nossas vidas, somos amassados, pisoteados e ficamos sujos, por decisões que tomamos e/ou pelas circunstâncias que aparecem em nossos caminhos. E assim, sentimo-nos desvalorizados, sem importância. Acreditem, entretanto, não importa o que aconteceu ou o que acontecerá, jamais perderemos nosso valor diante do Universo. Quer estejamos sujos, quer estejamos limpos, quer amassados ou inteiros, nada disso altera a importância que temos. A nossa valia, o preço de nossas vidas não é pelo que fazemos ou que sabemos, mas pelo que somos!
Somos especiais... Você é especial. Muito especial... Nunca se esqueça disso.

Tarefa para sábios

Dizem que, numa carpintaria ocorreu, certa vez, uma estranha assembleia: uma reunião das ferramentas para acertar suas diferenças.

O martelo exerceu a presidência, mas os participantes notificaram-no de que teria de renunciar. O motivo? Fazia muito barulho, além do que, passava todo o tempo golpeando. O martelo aceitou sua culpa, mas pediu que também fosse expulso o parafuso, argumentando que ele dava muitas voltas para conseguir algo. Diante do ataque, o parafuso concordou, mas por sua vez, pediu a expulsão da lixa. Disse que ela era muito áspera no tratamento com os demais. A lixa acatou, com a condição de que se expulsasse a trena, que sempre media os outros, segundo a sua medida, como se fosse a única perfeita.

Nesse instante, entrou o carpinteiro, reuniu o material e iniciou o seu trabalho. Utilizou o martelo, a lixa, a trena e o parafuso. Finalmente, a rústica madeira transformou-se num fino móvel.

Quando a carpintaria ficou novamente só, a assembleia voltou à discussão. Foi então que o serrote tomou a palavra e ponderou:

— Senhores, ficou evidente que temos defeitos, mas o carpinteiro trabalha com nossas qualidades, com nossos pontos preciosos. Assim, não pensemos em nossos pontos fracos, concentremo-nos em nossos pontos fortes.

A assembleia compreendeu que o martelo era forte, o parafuso unia e dava força, a lixa era especial para limar e afinar asperezas e a trena era exata. Sentiram-se, então, como uma equipe capaz de produzir móveis de qualidade, e alegres pela oportunidade de trabalharem unidos.

Fato como este ocorre com os seres humanos. Quando uma pessoa busca defeitos em outra, a situação torna-se tensa e negativa. Mas, quando se busca com sinceridade os pontos fortes dos outros, florescem as mais belas conquistas humanas.

É fácil encontrar defeitos. Qualquer um pode fazê-lo. Mas encontrar qualidades e ver atributos no semelhante, isto é para os sábios.

A fruta do céu

Certa vez, uma mulher ouviu falar da "Fruta do Céu", e passou a cobiçá-la. Perguntou, então, a certo dervixe, a quem chamaremos Sabar:
— Como posso encontrar essa fruta, para poder imediatamente obter conhecimento?
— Melhor seria se estudasses comigo — disse o dervixe. — Mas se não o quiseres fazer, terás de viajar decididamente e, às vezes, inquietamente pelo mundo. A mulher deixou-o e procurou a outro dervixe, chamado Arif, o Sábio. Posteriormente, encontrou a Hakim, o Sábio; mais tarde, a Hajzub, o Louco; e depois, a Alim, o Científico, e a muitos mais...
A mulher passou trinta anos nessa busca. Por fim, chegou a um jardim, onde se encontrava a Árvore do Céu, e de seus galhos pendiam as brilhantes Frutas do Céu. De pé, ao lado da Árvore, estava Sabar, o primeiro dervixe.
— Por que não me dissestes, quando nos conhecemos pela primeira vez, que tu eras o Guardião da Fruta do Céu? — questionou a mulher.
— Porque naquela ocasião, não me terias acreditado. Além do mais, a Árvore produz frutos somente uma vez a cada trinta anos e trinta dias.

Dois lados

Os mantos coloridos dos dervixes, copiados com propósitos de ensinar e eventualmente imitados como mera decoração, foram introduzidos na Espanha na Idade Média, da seguinte forma: Um certo rei cristão gostava dos desfiles pomposos e também se orgulhava de seu conhecimento filosófico. Pediu a um sufi, conhecido como El-Agarin, que o instruísse no conhecimento. El-Agarin disse:
— Oferecemos a ti observação e reflexão, mas primeiro tens de aprender seu significado em toda sua extensão.
— Já sabemos como prestar nossa atenção, pois temos estudado bem todos os passos preliminares para o conhecimento, por meio de nossa própria tradição — disse o rei.
— Muito bem — disse El-Agarin. — Daremos a Sua Majestade uma demonstração de nosso ensinamento, durante o desfile de amanhã.

Fizeram os acertos necessários e, no outro dia, os dervixes do ribat de Agarin (centro de ensinamento) desfilaram pelas estreitas ruas da cidade Andaluz. O rei e seus cortesãos estavam de um lado e do outro, os nobres à direita e os cavaleiros à esquerda.

Quando terminou a procissão, El-Agarin voltou-se para o rei e disse:
— Majestade, por favor, pergunte a seus cavaleiros, que estão à esquerda, a cor dos mantos dervixes.

Todos os cavaleiros juraram sobre as escrituras e sobre sua honra, que as vestimentas eram azuis. O rei e o resto da corte mostraram-se surpresos e confusos, pois de forma alguma era o que eles haviam visto.
— Todos nós vimos com clareza que estavam vestidos com hábitos cafés — disse o rei. — E entre nós há homens de grande santidade e fé, e muito respeitados.

O rei ordenou a todos os cavaleiros que se preparassem para serem penalizados e degradados. Aqueles que haviam visto as roupagens de cor café foram postos de um lado para serem premiados. O processo durou um longo tempo. Depois, o rei perguntou a El-Agarin:

— Que feitiço terás feito, homem malvado? Que atos do demônio são os teus, que podem fazer com que os cavaleiros mais honrados do cristianismo neguem a verdade, abandonem suas esperanças de ser redimidos e traiam a nossa confiança, o que os incapacita para a batalha?

Ao que o sufi respondeu:

— Os mantos, em sua metade, visível do teu lado, eram cor de café. Em sua outra metade, cada manto era azul. Sem preparação, tua predisposição é a causa do teu autoengano e de nos interpretar mal. Como podemos ensinar a alguém nessas circunstâncias?

Sorria

Ei! Sorria... Mas não se esconda atrás desse sorriso... Mostre o que você é, sem medo. Existem pessoas que sonham com o seu sorriso, assim como eu. Viva! Tente! A vida não passa de uma tentativa. Ei! Ame acima de tudo, ame a tudo e a todos. Não feche os olhos para a sujeira do mundo, não ignore a fome! Esqueça a bomba, mas antes, faça algo para combatê-la, mesmo que se sinta incapaz. Procure o que há de bom em tudo e em todos. Não faça dos defeitos uma distância, e sim, uma aproximação. Aceite! A vida, as pessoas, faça delas a sua razão de viver. Entenda! Entenda as pessoas que pensam diferente de você, não as reprove. Ei! Olhe... Olhe à sua volta, quantos amigos... Você já tornou alguém feliz hoje? Ou fez alguém sofrer com o seu egoísmo? Ei! Não corra. Para que tanta pressa? Corra apenas para dentro de você. Sonhe! Mas não prejudique ninguém e não transforme seu sonho em fuga. Acredite! Espere! Sempre haverá uma saída, sempre brilhará uma estrela. Chore! Lute! Faça o que gosta, sinta o que há dentro de você. Ei! Ouça... Escute o que as outras pessoas têm a dizer, é importante. Suba... faça dos obstáculos degraus para o que você acha supremo. Mas não esqueça dos que não conseguem subir a escada da vida. Ei! Descubra! Descubra o que há de bom dentro de você. Procure acima de tudo ser gente, eu também vou tentar. Ei! Você... não vá embora. Eu preciso dizer-lhe que... o adoro, simplesmente porque você existe.

Charles Chaplin.

Ajmal Hussein e os eruditos

O sufi Ajmal Hussein era frequentemente criticado pelos eruditos que temiam que sua reputação pudesse eclipsar a deles. Não perdiam oportunidade para desacreditar seus conhecimentos, acusavam-no de refugiar-se em seu misticismo para não enfrentar as críticas deles e ainda alegavam que havia exercido práticas incorretas que o desacreditavam.

Depois de algum tempo, o sufi disse:

— Se eu respondo a meus críticos, isso é convertido em uma nova oportunidade para fazer-me novas acusações, nas quais as pessoas acreditam, porque os diverte crer em tais coisas. Se não respondo, envaidecem-se, e as pessoas acreditam que são eruditos verdadeiros. Eles pensam que os sufis se opõem à erudição. Não é assim. Nossa simples existência, porém, é uma ameaça à erudição falsa dos pequenos ruidosos. O academicismo há muito desapareceu. Agora temos de enfrentar o falso academicismo. Os eruditos gritaram mais forte do que nunca.

Por fim, Ajmal Hussein disse:

— A argumentação não é tão efetiva quanto a demonstração. Dar-lhes-ei uma ideia do que, na verdade, é essa gente.

Convidou os eruditos a lhe mandarem várias perguntas para permitir-lhes colocar em prova seus conhecimentos e suas ideias. Cinquenta diferentes professores e estudiosos enviaram-lhe perguntas. Ajmal respondeu a todos de forma diferente.

Quando os eruditos se reuniram em uma conferência para discutir as respostas, havia tantas versões que cada um acreditou ter desmascarado Ajmal. Todos se negavam a renunciar à sua própria tese, em apoio a qualquer outra. O resultado foi a famosa "disputa dos eruditos". Durante cinco dias, atacaram-se uns aos outros amargamente.

— Isto — disse Ajmal — é uma demonstração. O que mais tem importância a cada um é sua própria opinião e sua interpretação. Para eles, não importa a verdade. Isto é o que fazem com os ensinamentos de qualquer pessoa: quando está viva, atormentam-na; quando morre, transformam-se em *experts* de seus trabalhos. Sem dúvida, o motivo verdadeiro dessa atividade é disputarem entre si e oporem-se a qualquer um que esteja fora de suas fileiras. Queres te converter em um deles? Escolha Rápido.

Aparências *

De Yahia, filho de Iskandar, ouvimos o seguinte relato:
— Eu costumava passar minhas noites na casa do Sufi Anwar Ali Jan. Os visitantes ofereciam-lhe presentes que serviam para a compra da comida que ele entregava cada noite a seus convidados precedendo o momento da meditação. Ele não permitia que ninguém se aproximasse dele; sentava-se em um canto, e sua mão ia de sua cuia à boca. Vários visitantes ressaltavam: "Este homem é arrogante e precisa de humildade, pois não se senta com seus convidados."

A cada noite que passava, eu me aproximava um pouco mais do Sufi, e logo notei que, aparentemente, ele levava comida à boca, mas nada havia em sua cuia. Por fim, não pude conter minha curiosidade e perguntei-lhe: qual o motivo desse teu estranho comportamento? Por que fazes de conta que comes e deixas as pessoas pensarem que tu és arrogante, enquanto que na verdade tu és humilde e frugal e não queres incomodar nem lhes causar vergonha, ó tu o mais excelente dos homens?

Ao que ele prontamente respondeu:
— É melhor que eles pensem que eu necessito de humildade, pelas aparências, do que me considerarem virtuoso, detendo-se somente às aparências. Não há erro maior que atribuir mérito firmado nas aparências. Agir desse modo é ofender a presença da virtude interior e real, pensando que ela não existe para ser notada. Os homens de exterior julgam pelo exterior, mas pelo menos não infectam o interior.

---
* Adaptado de: SHAH, Idries. *O Buscador da Verdade*.

Os pássaros*

Um grupo de pássaros esperava ansiosamente encontrar a seu rei. Então pediram à poupa sábia (um pássaro com crista em forma de abano) que os ajudasse em sua busca. A poupa contou-lhes que o rei que estavam procurando chamava-se Simurgh (que significa em persa "Trinta Pássaros") e que vivia escondido na montanha de Kaf. No entanto, seria uma viagem muito difícil e perigosa.

Os pássaros imploraram à poupa que os guiasse. A poupa aceitou e passou a ensinar a cada pássaro de acordo com seu nível e temperamento. Ela lhes disse que, para alcançar o alto da montanha, precisavam atravessar cinco vales e dois desertos; depois de terem passado o segundo deserto, entrariam no palácio do rei.

Os pássaros de vontade débil, temerosos da viagem, começaram a apresentar suas desculpas. O louro, que é egoísta, diz que em vez de ir em busca do rei, buscaria o Santo Graal. O pavão real, ave legendária do paraíso, ressaltou que sonhou com sua volta ao céu e que esperaria pacientemente por esse dia.

A pata disse em tom de lamentação, que sua vida dependia de estar próxima à água e morreria se acaso se separasse dela. A garça apresentou uma desculpa semelhante, alegando que não lhe é possível viajar longe do mar, pois seu amor pela água é imenso, e embora permaneça sentada por longos anos à sua margem, não tem ousado beber uma gota sequer, temendo secar toda a água do mar. A preferência da coruja foi ficar e buscar as ruínas na esperança de, quem sabe um dia, encontrar um tesouro. O rouxinol disse que não precisava viajar, pois estava apaixonado pela rosa e este amor lhe bastava. Acreditava possuir os segredos do amor que ninguém mais possuía; e com uma voz belíssima canta ao amor:

— Sei todos os segredos do amor. Todas as noites derramo meu canto de amor. A canção mística da flauta inspira-se em meu lamento, e sou eu quem faz desabrochar a rosa e causa emoção aos corações dos namorados. Ensino mistérios com minhas tristes notas e quem me ouve se perde em encantamento. Somente a rosa conhece os meus segredos. Esqueço até de mim e só penso na rosa. Alcançar a Simurgh está acima do meu ser! Ao rouxinol, basta o amor da rosa!

A poupa, que a tudo ouviu pacientemente, respondeu ao rouxinol:
— Você tem-se preocupado apenas com a forma exterior das coisas, pelos prazeres de um modo sedutor. O amor da rosa tem lançado espinhos em seu coração. De nada importa a beleza da rosa, se você desvanecer em poucos dias. E o amor a algo tão passageiro só pode proporcionar repulsa ao perfeito. Se a rosa sorri para você, creia que é somente para encher-lhe de dor, pois a cada primavera ela ri de você. Abandone a rosa e seu ardente calor.

O que Attar propõe transmitir com esta simples conversação? Que nós, seres humanos, almejamos buscar a perfeição, mas muitas vezes tendemos a parar o processo tão logo nos deparamos com o mais breve sinal de progresso. Isso, geralmente, acontece com os aspirantes ao caminho espiritual: muitos buscadores deslumbram-se com as primeiras etapas do despertar e o confundem com a completa iluminação.

Attar alerta-nos de tais armadilhas: não devemos confundir o amor do imaginário com o amor do Real. Por isso, o rouxinol precisa deixar seu enganoso apego pela rosa, partir para a busca do eterno Amado. A poupa brinda aos pássaros com belas histórias daqueles que têm feito a perigosa viagem. E estes, após ouvirem as histórias da poupa, passam a ter inspiração para dar início à sua viagem até o primeiro vale. Logo, porém, começam os seus problemas, e percebem que o caminho será mais difícil do que haviam pensado. Alguns recomeçam as desculpas. Um alega que a poupa não é suficientemente sábia para conduzi-los; outro se queixa, dizendo que satanás lhe tem possuído e lhe está dificultando as coisas; e outro manifesta seu desejo de ter estabilidade financeira e a comodidade de uma vida luxuosa. Finalmente, a poupa conclui que o único modo para que os pássaros entendam, é descrever-lhes os sete vales e desertos da viagem: "O primeiro Vale é o da Busca. Ali se procura a Verdade com inquietude. Pela constância, busca-se um significado maior ao sentido da vida. Somente quem busca com dedicação pode atravessar a salvo o primeiro vale e seguir para o segundo, o Vale do Amor.

Neste vale — prossegue a poupa —, sente-se um desejo, sem limite, de ver o Rei Amado. Um fogo ardente começa a crescer no coração e torna-se devastador. Este vale é mais perigoso que o primeiro, porque apresenta barreiras no caminho para testar o amor.

Este mesmo amor, entretanto, impulsiona o buscador a sair à procura de uma terra mais alta.

O terceiro vale é o do Conhecimento. Uma vez que se adentra nessa terra, o coração torna-se iluminado pela verdade. Neste lugar, adquire-se o conhecimento interior do Amado. Dali, o viajante prossegue a viagem ao Vale do Desapego, onde deixa seus desejos de possessões mundanas. Não há algemas com o mundo material para o viajante que atravessa esse vale; liberto dos desejos, agora o aspirante é completamente livre.

Cada nova busca é mais perigosa que a anterior, e precisa ser explorada passo a passo, pois cada um possui suas próprias provas e limitações. Então, cada encontro com uma terra diferente é tida como uma nova experiência.

O quinto vale é o da Unidade. Nele, o viajante percebe que todos os seres são unos em essência, que toda diversidade de ideias, vivências, e criaturas da vida têm realmente uma única fonte. O viajante chega ao Deserto do Medo, e daí se esquece da existência de si mesmo e de todos os demais. Ele passa a ver a luz, não com os olhos da mente, e sim com os olhos do coração. Abre-se, então, a porta do divino tesouro, o segredo dos segredos. Nesta terra, o intelecto já não existe. Aqui se pergunta ao viajante: "Quem é e o que és?" E ele responde: "Não sei nada." Por fim, chega-se ao Deserto do Aniquilamento e da Morte, onde o aspirante entende finalmente como uma gota se funde no oceano da unidade com o Amado. Tem, então, encontrado o destino da viagem para chegar ao rei.

Depois de ouvir a narração da poupa sobre o que os esperava, os pássaros encheram-se de ânimo, a ponto de imediatamente continuarem sua viagem. No trajeto, alguns morrem pelo calor, jogando-se no mar. Outros se cansaram e não conseguiram continuar; um grupo é caçado por animais selvagens e outros se deixaram distrair pelo atrativo das terras que atravessam, perdendo-se e ficando para trás. Apenas trinta chegam ao seu destino: a montanha de Kaf.

No palácio real, o vigilante da entrada trata os trinta pássaros de modo cruel. Mas os pássaros, que têm passado o pior, são tolerantes e não se deixam molestar por sua rigidez. Finalmente, o servidor pessoal do rei sai e os conduz ao salão real. Ao entrar, os pássaros vislumbram a tudo assustados. Não sabem o que ocorre, pois em vez de ver a Simurgh, "Trinta Pássaros", tudo o que veem é... Trinta Pássaros.

Além do que se vê 155

Só então compreendem que, olhando-se a si mesmos, encontraram ao rei, e que em sua procura pelo rei, têm encontrado a si mesmos.
Os que atravessam as sete cidades do amor se purificam, e ao chegarem ao palácio real, encontram o rei que se revela a seus corações.

Dois amigos

Dois amigos íntimos, que se conheciam desde a infância, foram convocados para ir à guerra.
Lá estando, durante uma batalha, jogam uma bomba nos soldados e os que conseguem, fogem para a base.
Um dos amigos nota que seu companheiro não voltou e pede para o comandante para voltar ao lugar da batalha, para buscar seu amigo.
O comandante nega, dizendo que o amigo está morto, pois todos os sobreviventes voltaram para a base.
Mesmo assim, o soldado desobedece ao seu comandante e vai escondido ao local onde a bomba tinha sido jogada.
Horas mais tarde, ele volta para a base, trazendo o corpo do amigo morto.
O comandante fala:
— Eu não lhe disse que ele estava morto? Você foi lá à toa.
O soldado sobrevivente responde:
— Realmente agora ele está morto, mas quando lá cheguei, ele estava vivo ainda e suas últimas palavras foram:
Eu sabia que você não me abandonaria!

---
* ATTAR, Farid ud-Din. *História de La Tierra de los Sufíes*.

Deus escreve certo por linhas tortas...

Após um naufrágio, o único sobrevivente agradeceu a Deus por estar vivo e ter conseguido agarrar-se à parte dos destroços para poder ficar flutuando.

Este único sobrevivente foi parar em uma pequena ilha desabitada, longe de qualquer rota de navegação, e agradeceu novamente.

Com muita dificuldade e restos dos destroços, ele conseguiu montar um pequeno abrigo para que pudesse proteger-se do sol, da chuva, de animais e, também, para guardar seus poucos pertences e, como sempre, agradeceu.

Nos dias seguintes, a cada alimento que conseguia caçar ou colher, agradecia.

No entanto, um dia, quando voltava da busca por alimentos, encontrou o seu abrigo em chamas, envolto em altas nuvens de fumaça. Terrivelmente desesperado, revoltou-se. Gritava chorando: "O pior aconteceu! Perdi tudo! Deus, por que fizeste isso comigo?" Chorou tanto, que adormeceu profundamente cansado.

No dia seguinte, bem cedo, foi despertado pelo som de um navio que se aproximava.

— Viemos resgatá-lo — disseram os tripulantes da embarcação.

— Como souberam que eu estava aqui? — perguntou ele.

— Nós vimos o seu sinal de fumaça!

É comum nos sentirmos desencorajados e até mesmo desesperados quando as coisas vão mal. Mas Deus age em nosso benefício, mesmo nos momentos de dor e sofrimento.

Lembre-se: se algum dia o seu único abrigo estiver em chamas, esse pode ser o sinal de fumaça que fará chegar até você a Graça Divina. Para cada pensamento negativo nosso, Deus tem uma resposta positiva.

Reconhecimentos

Conta-se que um rei tinha um capelão, que sempre o serviu com lealdade. Certa vez, o soberano desgostou-se com o capelão e ordenou que o encarcerassem. Um príncipe, rival do rei, soube da prisão e fez chegar ao capelão um bilhete, oferecendo-lhe ajuda e um lugar na sua corte. O capelão mandou sua resposta no verso do bilhete. O rei tomou conhecimento do ocorrido e ordenou a seus guardas que interceptassem a mensagem, ordem esta que foi cumprida.

Eis a resposta do capelão: "Não me é possível aceitar a honra oferecida, pois não posso tratar com ingratidão a meu amo, simplesmente por sua breve mudança de atitude para comigo. Acaso não dizem: 'Desculpe-me se em toda uma vida te causei dano uma vez, àquele que tem te tratado com bondade em cada instante?'". O rei sensibilizou-se por essa atitude do capelão, recompensou-lhe e pediu perdão, dizendo: "Tenho agido mal por castigar-te por nada". O capelão replicou: "Senhor, ao teu escravo não convém ver culpa alguma em ti em virtude deste assunto. De fato, foi um decreto do Todo-Poderoso que algo desagradável fosse necessário acontecer ao seu servo. Assim, é melhor que o dano chegue por meio das tuas mãos, uma vez que estou em dívida contigo por favores prestados anteriormente." Como dizem os sábios: "Não te lamentes pelo prejuízo que te infligem os homens, porque nem o gozo e nem a dor vem dos homens. Reconhece os atos de amigos e inimigos como oriundos de Deus, porque todos têm seus corações sob o controle do Uno. Por mais que a flecha tome velocidade no arco, na verdade, provém do Arqueiro."

Extrato do conto 24, livro I, do Gulistan.

Adentrando as mentes

Dizem que os soberanos têm melhores condições para adentrar as obscuridades da mente. Mas para isso é preciso que a sua esteja clara. A tradição Sufi diz o seguinte:
Um sultão tomou conhecimento da existência de um grande *sheik*, um mestre muito respeitado, que vivia em Anatólia e que tinha centenas de milhares de fiéis. Assombrado por aquela força, que para ele era como uma ameaça, o sultão convocou o *sheik* a Istambul e lhe perguntou: "Sultão, é verdade o que ouço dizer, que tens centenas de milhares de homens dispostos a morrer por ti?"
— Oh, não! — respondeu o *sheik*. — Apenas tenho um e meio.
Ao que o sultão questionou: "Então, por que me dizem que poderias sublevar todo o país? Vamos ver. Que todos os homens se reúnam amanhã de manhã no campo, longe da cidade."
Por toda a região se proclamou que os fiéis do *sheik* deveriam reunir-se na manhã seguinte no campo, porque ali estaria o *sheik* em pessoa. Numa parte elevada, que dominava o campo, o *sheik* ordenou que se instalasse uma tenda. Em seu interior, prendeu vários cordeiros, os quais ninguém poderia enxergar. Os fiéis acudiram em grande número. O sultão, que se encontrava de pé diante da tenda com o *sheik*, disse-lhe: "Sultão, tu me afirmaste não ter mais que um fiel e meio. Veja! Há milhares deles! Dezenas de milhares!"
— Não. Eu só tenho um fiel — disse o Sultão. — Agora verás. Anuncia que cometi um crime e que irás condenar-me à morte, a não ser que um de meus fiéis se sacrifique por mim.
O sultão assim procedeu, causando um grande murmúrio entre a massa popular. Um homem antecipou-se e declarou:
— Ele é meu Mestre. A ele devo tudo o que sei. Dou minha vida por ele.
O sultão fez com que ele entrasse na tenda e ali, prontamente, seguindo as indicações do *sheik*, deceparam o pescoço de um cordeiro. Todos os assistentes viram escorrer sangue por baixo da tenda. Naquele momento, o sultão declarou:

— Uma vida não é suficiente. Algum outro fiel se dispõe a sacrificar-se pelo *sheik*? Diante de um silêncio sepulcral que se surgiu e durou vários minutos, uma mulher avançou e se declarou disposta. Fizeram-na entrar na tenda e cortaram o pescoço de outro cordeiro. A multidão, ao notar o sangue, começou a dispersar-se. Pouco tempo depois, não havia mais ninguém no campo. O *sheik* disse ao sultão:
— Vês? Tenho apenas um fiel e meio.
— Então, o homem é o fiel verdadeiro e a mulher o meio? — questionou o sultão.
— Não, não! — contestou o *sheik*. — Ao contrário. Pois o homem não sabia que lhe iriam cortar o pescoço na tenda. Já a mulher viu o sangue e, sem hesitar, avançou. Ela é a fiel verdadeira.

Adaptado de: CARRIÈRE, Jean-Claude. *O Círculo dos Mentirosos*. Barcelona: Lumen.

Vida

Ela disse que me amava e eu não respondi.
Ela disse que me conhecia e eu não reconheci.
Ela me deu tudo o que tenho e eu não agradeci.
Ela estava sempre ao meu lado e eu não a vi.
Ela era minha professora e eu seu aluno rebelde.
Enfim, nos encontramos e eu não estava mais perdido.
Ela disse meu nome e eu me surpreendi.
Ela disse que era eterna e eu voltei a sorrir.
Hoje, sinto-a sempre comigo! (Prece de Conexão.)

Eu me contato neste instante
com a minha Divina Presença Eu Sou.
Pela presença de Deus em mim e
pelo poder magnético do Fogo Sagrado
que me foi confiado,
eu estabeleço agora, neste momento,
um canal que me une direto
à fonte única do universo,
de onde virá a mim
toda a divina energia de que necessito,
iluminando todo o meu ser
com a luz de dez mil sóis
e fazendo-se presente
onde quer que eu esteja.
Que essa energia flua em mim
e me permita sentir a divindade
nos meus pensamentos,
nos meus gestos e nas minhas palavras.
Que ela flua em todo o meu ser
e através dele,
podendo atingir a todos aqueles

que dela necessitarem.
Que enquanto eu me mantiver
conectado com esse canal
eu possa ser um membro ativo da Luz,
trabalhando pela consecução
da grande obra no mundo em que vivo,
ajudado e orientado pelos Bem-Amados
Mestres e Mestras Iluminados,
pelos Bem-Amados Arcanjos, Anjos,
Elohins e por toda Hierarquia Celeste
e Seres Intergalácticos.
A Deus Pai e Mãe, uno e único:
eu quero querer a Tua vontade.
Faz de mim um instrumento do Teu trabalho,
pois a Ti me entrego.
Que assim seja!
E assim sempre será!
Amém, Amém, Amém!

Um homem e meio *

A um homem eminente, que havia viajado muito ao redor do mundo, foi questionado se poderia falar sobre alguém que havia conhecido. Ao que ele respondeu: "Viajei pelos sete climas, porém no mundo inteiro não vi mais que um homem e meio. A unidade foi um homem que, vivendo numa *zawya*, não dizia nada de bom nem de mau de quem quer que fosse. A metade era um homem excelente, que apenas falava bem das pessoas."

Enquanto o bem e o mal estiverem contigo, não terás coração clarividente nem alma consciente. Mas depois que abandonares um e outro, tua alma será aspirada dentro do segredo da santidade.

---
* ATTAR, Farid ud-Din. *Le Livre Divine (Ilahi Nama)*.

A história do santo e do falcão

Um caçador do deserto encontrou ao acaso um contemplativo sentado no deserto de areia, com a mão sobre seu bastão e o braço em torno de um falcão de feio aspecto, aninhado em seu peito. O caçador lhe diz:

— Como pode um homem igual a você, que se devotou aos negócios do Outro Mundo, dar importância a algo tão insignificante quanto um pássaro, que além do mais é uma ave de rapina?

O sábio disse-lhe:

— Responda a esta questão e a sua resposta será idêntica à minha. Por que você leva um punhal, que percebo estar pendurado ao seu lado, visto que você deveria ter no coração o bem de seu semelhante?

O caçador disse:

— Esta faca é para proteger-me contra a maldade dos leões do deserto que, por mais de uma vez, pularam sobre meu corpo, do esconderijo onde se dissimulavam; sem o punhal, seria impossível eu ter sobrevivido e não estaria aqui, vivo, para responder à sua pergunta.

O sábio, então, falou:

— Se eu vivesse todo meu tempo contemplando e negligenciasse de amparar as criaturas de Deus, você poderia considerar-me um santo, quando na verdade eu teria-me tornado incapaz de fazer qualquer outra coisa, de modo que os impulsos superiores não mais me tocariam. E você, se acaso caçasse o leão desde a manhã até a noite, passaria aos olhos das pessoas por um caçador intrépido quando, na realidade, essa paixão o teria tornado incapaz de fazer qualquer outra coisa que não fosse caçar. Você teria-se tornado inapto para realizar a experiência das coisas deste mundo. Eu teria-me tornado incapaz de fazer a experiência do Outro Mundo.

O olhar do poder

Disseram a um dervixe, que tinha estudado sob a direção de um grande mestre sufi, que aperfeiçoasse seu conhecimento acerca do exercício da sensação e que regressasse posteriormente para seu mestre a fim de ampliar sua instrução. Ele se retirou para um bosque e passou a meditar sobre a natureza de seu ser, com grande intensidade e dedicação, até que quase nada o podia perturbar. Mas, sem dúvida, não se concentrou o bastante sobre a necessidade de manter unidos em seu coração todas as suas metas, e seu zelo em conseguir aperfeiçoar-se no exercício se fez mais forte que a decisão de voltar à escola de onde havia sido mandado para meditar. E desse modo, um dia, enquanto se concentrava sobre seu eu interior, ouviu um som. Irritado, o dervixe olhou para os galhos de uma árvore, de onde aparentemente vinha o som, e viu um pássaro. Por um instante, passou por sua mente o pensamento de que aquele pássaro não tinha nenhum direito de interromper os exercícios de um homem tão esforçado. Tão logo se originou esta ideia, o pássaro caiu morto a seus pés.

O dervixe não estava avançado o necessário no caminho do sufismo para dar-se conta de que o homem é submetido a provas no decorrer de sua vida. A única coisa que pôde observar, naquele momento, era que tinha conquistado um poder que nunca havia possuído: era capaz de matar um ser vivo, e até podia ser que o pássaro tivesse morrido por alguma força externa a ele, mas, sem dúvida, morreu por ter interrompido suas devoções.

— Em verdade, devo ser um grande sufi, imaginou o dervixe.

Ele se levantou e caminhou até o povoado mais próximo. Ao chegar, avistou uma casa muito elegante e decidiu pedir algo para comer. Uma mulher abriu a porta, e ao vê-la, disse o dervixe:

— Mulher, traga-me comida. Sou um dervixe avançado e é digno, para quem o faz, alimentar aos que estão no Caminho.

— Tão pronto quanto possa, reverendo sábio — respondeu a mulher, que adentrou a casa.

Passou-se muito tempo, e a mulher não voltava. A cada momento que passava, aumentava a impaciência do dervixe. Quando finalmente a mulher voltou, ele disse:

— Considera-te afortunada por eu não ter lançado sobre ti a ira do dervixe, pois nem todos sabem que desgraças podem advir por desobedecer aos Eleitos.

— A desgraça, na realidade, pode chegar, a menos que se possa rechaçá-la por meio de suas próprias experiências — disse a mulher.

— Como te atreves a me responder deste modo? — retrucou o dervixe. — Em todo caso, o que é que pretendes dizer?

— Apenas quero dizer que não sou um pássaro no bosque.

Ao ouvir estas palavras, o dervixe ficou perplexo.

— Minha irritação não lhe causa nenhum dano, e é capaz até mesmo de ler meus pensamentos — balbuciou. Suplicou à mulher que se tornasse sua mestra.

— Se desobedecestes a teu primeiro mestre, a mim também me falharás.

— Bem, ao menos conte-me como alcançastes uma etapa de sabedoria muito mais elevada que a minha — pediu o dervixe.

— Obedecendo a meu mestre. Ele me disse que eu deveria atender a seus ensinamentos e exercícios quando me chamasse; de outro modo, precisaria tomar minhas tarefas mundanas como meus exercícios. Assim, ainda que não tenha estado com ele por longos anos, minha vida interna se tem intensificado frequentemente, dando-me tais poderes como os que vistes, e muito mais.

O dervixe regressou à *tekkia* de seu mestre para receber mais ensinamentos. Quando ele apareceu, sem deixá-lo discutir, disse apenas:

— Vai e serve às ordens de um certo varredor que limpa as ruas em tal cidade. Como o dervixe tinha em autoestima a seu mestre, partiu para aquela cidade. Mas quando chegou onde trabalhava e o varredor o viu, de pé e coberto de sujeira, negou-se a aproximar-se dele, e não pôde se imaginar a si mesmo como seu servente. Enquanto estava ali contemplando-o, parado e exitando, o varredor disse, chamando-o por seu nome:

— Lajaward, que pássaro matarás hoje? Lajaward, que mulher lerá hoje teus pensamentos? Lajaward, que tarefa repugnante te imporá teu mestre amanhã?

Lajaward, perplexo, perguntou:

— Como és capaz de ler meus pensamentos? Como pode um varredor fazer coisas que ermitões piedosos não podem fazer? Quem és?

O varredor replicou:

— Alguns eremitas piedosos são capazes de fazer estas coisas, mas não as fazem frente a ti, pois têm outras coisas para executar. Pareço-te um varredor porque essa é minha ocupação. Como não gostas da tarefa, não gostas do homem. E como pensas que a santidade consiste em lavar-se e prostrar-se a meditar, nunca a encontrarás. Conquistei minhas capacidades atuais porque nunca pensei sobre santidade, mas somente no dever. Quando alguém te ensina a servir a um mestre, ou a servir a algo sagrado, está ensinando-te a servir. Tonto! Tudo que podes notar é o serviço ao homem, ou o serviço ao templo. Se não és capaz de te concentrar em servir, estás perdido.

E Lajaward, quando não mais se lembrou que era servente de um varredor, e se deu conta de que ser um servente era servir, converteu-se naquele que conhecemos como o Iluminado, o Milagroso, o Perfumado Sheik Abdurrazaq Lawardi de Badakhshan.

Adaptado do livro *Sabedoria dos idiotas*.

As coisas em ordem

Os grandes antigos, quando queriam propagar altas virtudes, punham seus Estados em ordem.
Antes de porem seus Estados em ordem, punham em ordem suas famílias.
Antes de porem em ordem suas famílias, punham em ordem a si próprios.
E antes de porem em ordem a si próprios, aperfeiçoavam suas almas, procurando ser sinceros consigo mesmos e ampliavam ao máximo seus conhecimentos.
A ampliação dos conhecimentos decorre do conhecimento das coisas como elas são (e não como queremos que elas sejam).
Com o aperfeiçoamento da alma e o conhecimento das coisas, o homem se torna completo.
E quando o homem se torna completo, ele fica em ordem.
E quando o homem está em ordem, sua família também está em ordem.
E quando todos os Estados ficam em ordem, o mundo inteiro goza de paz e prosperidade.

Texto escrito por Confúcio em 500 a.C.

Como se tornar

Certa vez, dois homens estavam seriamente doentes na mesma enfermaria de um grande hospital. O cômodo era bastante pequeno e nele havia uma janela que dava para o mundo. Um dos homens tinha, como parte do seu tratamento, permissão para sentar-se na cama por uma hora durante as tardes (algo a ver com a drenagem de fluido de seus pulmões). Sua cama ficava perto da janela.

O outro, contudo, tinha de passar todo o seu tempo deitado de barriga para cima. Todas as tardes, quando o homem cuja cama ficava perto da janela era colocado em posição sentada, ele passava o tempo descrevendo o que via lá fora.

A janela aparentemente dava para um parque onde havia um lago. Havia patos e cisnes no lago, e as crianças iam atirar-lhes pão e colocar na água barcos de brinquedo. Jovens namorados caminhavam de mãos dadas entre as árvores, e havia flores, gramados e jogos de bola. E ao fundo, por trás da fileira de árvores, avistava-se o belo contorno dos prédios da cidade.

O homem deitado ouvia o sentado descrever tudo isso, apreciando todos os minutos.

Ouviu sobre como uma criança quase caiu no lago e sobre como as garotas estavam bonitas em seus vestidos de verão. As descrições do seu amigo eventualmente o fizeram sentir que quase podia ver o que estava acontecendo lá fora...

Então, em uma bela tarde, ocorreu-lhe um pensamento: — Por que o homem que ficava perto da janela deveria ter todo o prazer de ver o que estava acontecendo? Por que ele não podia ter essa chance?

Sentiu-se envergonhado, mas quanto mais tentava não pensar assim, mais queria uma mudança. Faria qualquer coisa! Numa noite, enquanto olhava para o teto, o outro homem subitamente acordou tossindo e sufocando, suas mãos procurando o botão que faria a enfermeira vir correndo.

Mas ele o observou, sem se mover, mesmo quando o som da respiração parou.

De manhã, a enfermeira encontrou o homem morto e, silenciosamente, levou embora o seu corpo. Logo que pareceu apropriado, o homem perguntou se poderia ser colocado na cama perto da janela. Então colocaram-no lá, aconchegaram-no sob as cobertas e fizeram com que se sentisse bastante confortável. No minuto em que saíram, ele apoiou-se sobre um cotovelo, com dificuldade e sentindo muita dor, e olhou para fora da janela.
Viu apenas um muro...
"E a vida foi, é e sempre será aquilo que nós a tornarmos."

Sintonia *

Para aprender a viver na frequência Divina é necessário dar três passos: sintonizar, afinar e refinar. Se está um pouquinho fora da sintonia, você ouve, mas não muito bem. Se você afina as cordas do violão fora do tom do diapasão, o som não fica com qualidade. Estar em sintonia é estar perfeitamente ajustado e afinado no modo de pensar com a divindade. Estando em ajustada sintonia com Deus você cresce diariamente.

---

*Brahma Kumaris — Ken O'Donnell.erter em um deles? Escolha rápido.

Flores raras

Conta-se que havia uma jovem que tinha tudo, um marido maravilhoso, filhos perfeitos, um emprego que lhe rendia um bom salário e uma família unida. O problema é que ela não conseguia conciliar tudo. O trabalho e os afazeres lhe ocupavam quase todo tempo e ela estava sempre em débito em alguma área.

Se o trabalho lhe consumia tempo demais, ela tirava dos filhos, se surgiam imprevistos, ela deixava de lado o marido... E assim, as pessoas que ela amava eram deixadas para depois até que um dia, seu pai, um homem muito sábio, lhe deu um presente: Uma flor muito rara, da qual só havia um exemplar em todo o mundo.

O pai lhe entregou o vaso com a flor e lhe disse: filha, esta flor vai lhe ajudar muito mais do que você imagina! Você terá apenas que regá-la e podá-la de vez em quando, e, às vezes, conversar um pouquinho com ela. Se assim fizer, ela enfeitará sua casa e lhe dará em troca esse perfume maravilhoso. A jovem ficou muito emocionada, afinal a flor era de uma beleza sem igual. Mas o tempo foi passando, os problemas surgiam, o trabalho consumia todo o seu tempo, e a sua vida, que continuava confusa, não lhe permitia cuidar da flor. Ela chegava em casa, e as flores ainda estavam lá, não mostravam sinal de fraqueza ou morte, apenas estavam lá, lindas, perfumadas. Então ela passava direto.

Até que um dia, sem mais nem menos, a flor morreu. Ela chegou em casa e levou um susto! A planta, antes exuberante, estava completamente morta, suas raízes estavam ressecadas, suas flores murchas e as folhas amareladas.

A jovem chorou muito, e contou ao pai o que havia acontecido. Seu pai então respondeu: eu já imaginava que isso aconteceria, e, infelizmente, não posso lhe dar outra flor, porque não existe outra igual a essa. Ela era única, assim como seus filhos, seu marido e sua família. Todos são bênçãos que o senhor lhe deu, mas você tem que aprender a regá-los, podá-los e dar atenção a eles, pois assim como a flor, os sentimentos também morrem. Você se acostumou a ver a flor sempre lá, sempre viçosa, sempre perfumada, e se esqueceu de cuidar dela. Por fim, o pai amoroso e sábio concluiu:

Filha! Cuide das pessoas que você ama!
E você, tem cuidado das flores raras que Deus lhe empresta, em forma de filhos, esposa, esposo, irmãos e outros familiares? Lembre-se sempre que seus amores são flores únicas que lhe compete cuidar. Problemas surgem. O trabalho pode ser feito mais tarde. Compromissos sociais podem ser adiados, mas os filhos dependem dos seus cuidados constantes para que não venham a fenecer... Pense nisso! Cada pessoa é uma flor única... Não há no universo outra igual...

O eterno descontente *

Um homem descontente com a sorte queixava-se de Deus. Dizia ele:
— Deus dá aos outros as riquezas, e a mim não dá coisa alguma. Como é que eu hei de poder fazer o meu caminho nesta vida, sem nada possuir?
Um velho ouviu estas palavras e disse-lhe:
— Acaso és tu tão pobre quanto dizes? Deus não te deu, porventura, saúde e mocidade?
— Não digo que não e até me orgulho bastante da minha força e do verdor dos meus anos.
O velho então pegou na mão direita do homem e perguntou-lhe:
— Deixa cortar-te esta mão por mil rublos?
— Nem por doze mil!
— E a esquerda?
— Também não!
— E por dez mil rublos consentirias em ficar cego por toda a vida?
— Nem um olho dava por tal dinheiro!
— Vês — observou o velho — quanta riqueza Deus te deu e tu ainda te queixas!

---
*Leon Tolstoi.

Há sempre uma esperança

Conta uma antiga lenda que na Idade Média um homem muito religioso foi injustamente acusado de ter assassinado uma mulher. Na verdade, o autor era pessoa influente do reino e por isso, desde o primeiro momento procurou um bode expiatório para acobertar o verdadeiro assassino. O homem foi levado a julgamento, já temendo o resultado: a forca. Ele sabia que tudo iria ser feito para condená-lo e que teria poucas chances de sair vivo desta história. O juiz, que também estava combinado para levar o pobre homem à morte, simulou um julgamento justo, fazendo uma proposta ao acusado que provasse sua inocência. Disse o juiz: — Sou de uma profunda religiosidade e por isso vou deixar sua sorte nas mão do senhor. Vou escrever em um pedaço de papel a palavra INOCENTE e noutro pedaço a palavra CULPADO. Você sorteará um deles e esse então será o seu veredicto. O Senhor decidirá o seu destino. Porém, sem que o acusado percebesse, o juiz preparou os dois papéis, mas em ambos escreveu CULPADO, de maneira que naquele instante, não existia nenhuma chance de o acusado se livrar da forca. Não havia saída. Não havia alternativas para o pobre homem. O juiz colocou os dois papéis em uma mesa e mandou o acusado escolher um. O homem pensou alguns segundos e pressentindo algo, aproximou-se da mesa e pegou um dos papéis e rapidamente colocou-o na boca e o engoliu. Os presentes ao julgamento reagiram surpresos e ficaram indignados com a atitude do homem. — Mas o que você fez? Como vamos saber agora qual seu veredicto? — É muito fácil, respondeu o homem. Basta olhar o outro pedaço que sobrou e saberemos que acabei engolindo o seu contrário. Imediatamente, o homem foi libertado.

MORAL DA HISTÓRIA: Por mais difícil que seja uma situação, não deixe de acreditar até o último momento. Saiba que para qualquer problema há sempre uma saída. Não desista, não entregue os pontos, não se deixe derrotar. Persista, vá em frente apesar de tudo e de todos. Creia... você pode conseguir.

Jallferson Rosa.

Lição de vida

Um fato real. Dois irmãozinhos maltrapilhos, provenientes da favela — um deles de cinco anos e o outro de dez, iam pedindo um pouco de comida pelas casas da rua que beira o morro. Estavam famintos: — "vai trabalhar e não amole", ouvia-se detrás da porta; "aqui não há nada moleque...", dizia outro... As múltiplas tentativas frustradas entristeciam as crianças... Por fim, uma senhora muito atenta disse-lhes: "Vou ver se tenho alguma coisa para vocês... Coitadinhos!" E voltou com uma lata de leite. Que festa! Ambos se sentaram na calçada. O menorzinho disse para o de dez anos: você é mais velho, tome primeiro... e olhava para ele com seus dentes brancos, a boca semiaberta, mexendo a ponta da língua.

Eu, como um tolo, contemplava a cena...

Se vocês vissem o mais velho olhando de lado para o pequenino...! Leva a lata à boca e, fazendo gesto de beber, aperta fortemente os lábios para que por eles não penetre uma só gota de leite. Depois, estendendo a lata, diz ao irmão:

— Agora é sua vez. Só um pouco.

E o irmãozinho, dando um grande gole exclama:

— Como está gostoso!

— Agora eu — diz o mais velho. E levando a latinha, já meio vazia, à boca, não bebe nada.

— Agora você.

— Agora eu.

— Agora você.

— Agora eu.

E, depois de três, quatro, cinco ou seis goles, o menorzinho, de cabelo encaracolado, barrigudinho, com a camisa de fora, esgota o leite todo... ele sozinho.

Esse "agora você", "agora eu" encheram-me os olhos de lágrimas... E então, aconteceu algo que me pareceu extraordinário. O mais velho começou a cantar, a sambar, a jogar futebol com a lata de leite... estava radiante... o estômago vazio, mas o coração transbordante de alegria. Pulava com a naturalidade de quem não fez nada de extraordinário, ou melhor, com a naturalidade de quem está habituado a fazer coisas extraordinárias sem dar-lhes maior importância. Daquele moleque podemos aprender a grande lição: "há mais alegria em dar do que em receber". É assim... que nós temos de amar. Sacrificando-nos com tal naturalidade, com tal elegância, com tal discrição, que os outros nem sequer possam agradecer-nos o serviço que nós lhes prestamos.

O eterno companheiro *

Quem percebe a ação sutil das hostes espirituais de Krishna, é detentor de bênçãos celestes. Pela ação do Senhor, as multidões dos reinos inferiores são arrebatadas do sofrimento e remetidas de encontro à luz que apazigua e cura. Seus motivos são divinos e misteriosos. Certa vez, Ele disse a Arjuna: De que adianta fazer raiar as luzes de bem-aventurança entre os sábios? Eles já são abençoados pela luz de sua própria paz e discernimento. Meus raios são mais necessários aos que estão enredados em meio às trevas conscienciais. Minha luz é para os aflitos de todos os mundos e dimensões. Meu sorriso curará suas feridas e arrebatará seus corações à Grande Luz. Viajarei com eles por vários ciclos, até despertarem! Por isso, o "amigo de todos" está presente nas estrelas, mas também nos corações dos sofredores. Ele é o Eterno Companheiro. Felizes são os que percebem sua ação sutil e estão sintonizados às suas hostes espirituais.
OM GHANSHAYAM!*

---

* Ghanshayam (do sânscrito): "O sempre jovem". É um dos epítetos de Krishna.
Ananda — (Recebido espiritualmente por Wagner D. Borges; Ubatuba, 15/02/99)

O fazendeiro e o cavalo

Um fazendeiro, que lutava com muitas dificuldades, possuía alguns cavalos para ajudar nos trabalhos em sua pequena fazenda.

Um dia, seu capataz veio trazer a notícia de que um dos cavalos havia caído num velho poço abandonado. O poço era muito profundo e seria extremamente difícil tirar o cavalo de lá. O fazendeiro foi rapidamente ao local do acidente, avaliou a situação certificando-se que o animal não se machucara. Mas, pela dificuldade e alto custo de retirá-lo do fundo do poço, achou que não valeria a pena investir numa operação de resgate.

Tomou então a difícil decisão: determinou ao capataz que sacrificasse o animal, jogando terra no poço até enterrá-lo ali mesmo.

E assim foi feito: os empregados, comandados pelo capataz, começaram a jogar terra para dentro do buraco de forma a cobrir o cavalo...

Mas, à medida que a terra caía em seu dorso, o animal sacudia-a e ela ia acumulando-se no fundo, possibilitando ao cavalo ir subindo. Logo os homens perceberam que o cavalo não se deixava enterrar, mas, ao contrário, estava subindo à medida que a terra enchia o poço, até que finalmente conseguiu sair. Sabendo do caso, o fazendeiro ficou muito satisfeito e o cavalo viveu ainda muitos anos servindo ao seu dono na fazenda.

CONCLUSÃO: Se você estiver "LÁ EMBAIXO", sentindo-se pouco valorizado, quando, já certos de seu desaparecimento, os outros jogarem sobre você a terra da incompreensão, da falta de oportunidades e de apoio, lembre-se desse cavalo...

Não aceite a terra que cai sobre você... Sacuda-a e suba sobre ela.

E quanto mais terra, mais você vai subindo..., subindo..., subindo..., aprendendo a sair do buraco.

Abraços.

Preciso de alguém

Que me olhe nos olhos quando falo.
Que ouça as minhas tristezas e neuroses com paciência.
E, ainda que não compreenda, respeite os meus sentimentos.
Preciso de alguém, que venha brigar ao meu lado sem precisar ser convocado: alguém Amigo o suficiente para dizer-me as verdades que não quero ouvir, mesmo sabendo que posso odiá-lo por isso.
Nesse mundo de céticos, preciso de alguém que creia nessa coisa misteriosa, desacreditada, quase impossível: a Amizade.
Que teime em ser leal, simples e justo, que não vá embora se algum dia eu perder o meu ouro e não for mais a sensação da festa.
Preciso de um Amigo que receba com gratidão o meu auxílio, a minha mão estendida.
Mesmo que isto seja muito pouco para suas necessidades.
Preciso de um Amigo que também seja companheiro nas farras e pescarias, nas guerras e alegrias, e que no meio da tempestade, grite em coro comigo:
"Nós ainda vamos rir muito disso tudo" e ria muito.
Não pude escolher os que me trouxeram ao mundo, mas posso escolher meu Amigo.
E nessa busca empenho a minha própria alma, pois com uma Amizade Verdadeira, a vida se torna mais simples, mais rica e mais bela...

Charles Chaplin.

Tratamento

Um senhor de idade foi morar com seu filho, nora e o netinho de quatro anos. As mãos do velho eram trêmulas, sua visão embaçada e seus passos vacilantes.

A família comia reunida à mesa. Mas, as mãos trêmulas e a visão falha do avô o atrapalhavam na hora de comer. Ervilhas rolavam de sua colher e caíam no chão. Quando pegava o copo, leite era derramado na toalha da mesa. O filho e a nora irritaram-se com a bagunça.

— Precisamos tomar uma providência com respeito ao papai. — disse o filho. — Já tivemos suficiente leite derramado, barulho de gente comendo com a boca aberta e comida pelo chão.

Então, eles decidiram colocar uma pequena mesa num cantinho da cozinha. Ali, o avô comia sozinho enquanto o restante da família fazia as refeições à mesa, com satisfação.

Desde que o velho quebrara um ou dois pratos, sua comida agora era servida numa tigela de madeira. Quando a família olhava para o avô sentado ali sozinho, às vezes ele tinha lágrimas em seus olhos. Mesmo assim, as únicas palavras que lhe diziam eram admoestações ásperas quando ele deixava um talher ou comida cair ao chão.

O menino de quatro anos de idade assistia a tudo em silêncio. Uma noite, antes do jantar, o pai percebeu que o filho pequeno estava no chão, manuseando pedaços de madeira. Ele perguntou delicadamente à criança:

— O que você está fazendo?

O menino respondeu docemente:

— Oh, estou fazendo uma tigela para você e para a mamãe comerem, quando eu crescer.

O garoto de quatro anos de idade sorriu e voltou ao trabalho.

Aquelas palavras tiveram um impacto tão grande nos pais que eles ficaram mudos. Então lágrimas começaram a escorrer de seus olhos. Embora ninguém tivesse falado nada, ambos sabiam o que precisava ser feito.

Naquela noite o pai tomou o avô pelas mãos e gentilmente conduziu-o à mesa da família. Dali para frente e até o final de seus dias ele comeu todas as refeições com a família. E por alguma razão, o marido e a esposa não se importavam mais quando um garfo caía, leite era derramado ou a toalha da mesa sujava.

De uma forma positiva, aprendi que não importa o que aconteça, ou quão ruim pareça o dia de hoje, a vida continua, e amanhã será melhor. Aprendi que se pode conhecer bem uma pessoa, pela forma como ela lida com três coisas: um dia chuvoso, uma bagagem perdida e os fios das luzes de uma árvore de Natal que se embaraçaram. Aprendi que, não importa o tipo de relacionamento que tenha com seus pais, você sentirá falta deles quando partirem. Aprendi que "saber ganhar" a vida não é a mesma coisa que "saber viver". Aprendi que Deus às vezes nos dá uma segunda chance. Aprendi que viver não é só receber, é também dar. Aprendi que se você procurar a felicidade, vai-se iludir. Mas, se focalizar a atenção na família, nos amigos, nas necessidades dos outros, no trabalho e procurar fazer o melhor, a felicidade vai encontrá-lo. Aprendi que sempre que decido algo com o coração aberto, geralmente acerto. Aprendi que quando sinto dores, não preciso ser uma dor para os outros. Aprendi que diariamente preciso alcançar e tocar alguém. As pessoas gostam de um toque humano, segurar na mão, receber um abraço afetuoso, ou simplesmente um tapinha amigável nas costas. Aprendi que ainda tenho muito que aprender. Fiz exatamente isso. Às vezes eles precisam de algo para iluminar seu dia. As pessoas se esquecerão do que você disse... Esquecerão o que você fez... Mas nunca esquecerão como você as tratou.

Uma alegoria hindu

Era uma vez um inocente cachorrinho que estava cochilando ao lado de uma estrada. Um padre passou por ele e, sem nenhuma razão, bateu em sua cabeça com uma bengala. O pobre animal, sangrando e chocado, arrastou-se até o tribunal de justiça para reclamar com o rei. Quando o Rei Rama veio ao tribunal, o cachorro disse:
— Meu Senhor, hoje, enquanto eu descansava ao lado da estrada, um padre bateu em minha cabeça sem nenhum motivo. É sabido que a justiça impera em seu reino. Assim, por favor, castigue o padre pelo que ele me fez.

Com grande compaixão e respeito pelo que o cachorro havia dito, Rama enviou mensageiros para buscar o padre. O padre entrou no tribunal e admitiu seu crime. Rama perguntou para o cachorro qual castigo ele achava justo e o cachorro respondeu:
— Faça com que ele seja o sumo sacerdote de um grande monastério. Este é um castigo apropriado.

Todos ficaram surpresos com a sugestão do cachorro, e Rama pediu-lhe para explicar. O cachorro disse:
— Meu Senhor, em minha vida passada, eu fui sumo sacerdote de um grande monastério. Aquele poder me corrompeu. Eu enganei pessoas honradas e abusei de meus poderes. Por causa disso, renasci como cachorro. Se você fizer deste homem um sumo sacerdote, seguramente ele fará o que eu fiz e renascerá como um cachorro. Então, outra pessoa baterá em sua cabeça. Não é uma punição justa?

Ouvindo as palavras do cachorro, todos riram. O padre implorou perdão. O cachorro e Rama o perdoaram e Rama curou o cachorro.

Esta experiência abriu seus corações e ambos entraram no Reino dos Céus.

COMENTÁRIO: Sabedoria não é propriedade exclusiva dos seres humanos. Nós somos apenas uma entre as incontáveis formas de vida inteligente. Quando as pessoas ganham poder e posição na vida, a representação dos papéis sociais fazem-nas frequentemente perder contato com sua essência. Elas vivem confusas e nervosas. Os animais e plantas são mais próximos de sua essência e a simplicidade de sua inocente alegria faz deles grandes professores.

Uma história de amor

Havia uma linda ilha, onde moravam os seguinte sentimentos: a alegria, a tristeza, a vaidade, a sabedoria, o amor e outros.
Um dia avisaram a todos os moradores dessa ilha que ela seria inundada. Apavorado, o amor cuidou para que todos os sentimentos se salvassem. Ele então falou:
— Fujam todos, a ilha será inundada.
Todos correram e pegaram seus barquinhos, para irem a um morro bem alto. Só o amor não se apressou pois queria ficar um pouco mais em sua ilha. Quando já estava quase afogando, correu para pedir ajuda. Estava passando a riqueza e ele disse:
— Riqueza, leva-me com você?
Ela respondeu:
— Não posso, meu barco está cheio de prata e ouro e você não vai caber.
Passou então a vaidade e ele pediu:
— Oh vaidade, me leva com você?
— Não posso, você vai sujar o meu barco.
Logo atrás vinha a tristeza:
— Tristeza, posso ir com você?
— Ah... amor, eu estou tão triste que prefiro ir sozinha.
Passou a alegria que nem ouviu o amor chamar por ela. Já desesperado, achando que ficaria só, o amor começou a chorar. Então parou um barquinho, onde estava um velhinho e falou:
— Sobe, amor, que eu te levo.
O amor ficou tão radiante de felicidade, que até se esqueceu de perguntar o nome do velhinho. Chegando ao morro onde estavam os sentimentos, o amor perguntou à sabedoria:
— Sabedoria, quem era o velhinho que me trouxe?
— O tempo.
— O tempo? Mas por que só o tempo me trouxe até aqui?
— Porque só o tempo é capaz de ajudar a entender um grande amor.

Palavras finais

Agradecemos ao nosso Eu Superior, aos Trabalhadores da Luz, especialmente ao WLux, pertencente a esse grupo de estudos, que tomou a si a tarefa de orientar-nos, transmitindo-nos diretamente a grande maioria das mensagens; e a todos os Seres Arcangélicos, Angélicos e Interplanetários que, vez por outra, tomaram a palavra e nos transmitiram vários temas. Somos gratos. Somos imensamente gratos por termos servido de canais para a transmissão dessas mensagens.

"A substância Una é céu e terra, ou seja, segundo seus graus de polarização, é sutil ou fixa. Essa Substância é chamada por Hermes Trismegisto o 'Grande Telesma'. Quando ela produz o esplendor, chama-se 'Luz'. Essa foi a Substância que Deus criou antes de qualquer outra coisa, quando disse: 'Faça-se a Luz'. É ao mesmo tempo substância e movimento. É um fluido e uma vibração perpétua. Quanto à força que a põe em movimento e que lhe é inerente, chama-se 'magnetismo'.

No infinito, essa Substância Una é o Éter ou a Luz etérea. Nos astros que ela imanta, torna-se luz astral. Nos seres organizados, produz o fluido magnético. No homem, forma o corpo astral ou o mediador plástico. A vontade dos seres inteligentes pode agir diretamente sobre essa Substância e, por seu intermédio, sobre toda a natureza submetida às modificações de sua inteligência. Essa Substância é o espelho comum de todos os pensamentos e de todas as formas."

Eliphas Levi (1810-1875)

Sobre os Autores

CLÁUDIO ROQUE BUONO FERREIRA, 77 anos, é paulistano, casado, pai de três filhas e avô de cinco netos. É médico com título de Especialista em Oftalmologia, conferido pela Associação Médica Brasileira e pelo Conselho Brasileiro de Oftalmologia. Possui também o título de Especialista em Administração Hospitalar, conferido pelo IPH – Instituto Brasileiro de Desenvolvimento e Pesquisas Hospitalares. Como médico concursado, trabalhou na Secretaria de Saúde do Estado de São Paulo. Posteriormente, atuou como Coordenador Médico do INPS, no Serviço de Carteira Médica de Acidentes Oftalmológicos do Trabalho.

Graças ao seu espírito participativo, é e foi membro de diversas entidades científicas e culturais, tais como: Departamento de Oftalmologia da Associação Paulista de Medicina, Associação Pan-Americana de Oftalmologia, Instituto Barraquer de Oftalmologia (Espanha) e Associação Paulista de Imprensa.

Em sua vivência social, Cláudio Roque Buono Ferreira recebeu dezenas de condecorações e distinções por trabalhos prestados, entre as quais se evidenciam a Medalha Cultural e Comemorativa "Imperatriz Leopoldina", conferida pelo Instituto Histórico e Geográfico de São Paulo; Diploma e Medalha "Defesa da Saúde", conferidos pelo Centro de Estudos da Força Pública do Estado de São Paulo; e Diploma e Medalha "Ordem do Mérito Médico e Científico Carlos Chagas", no Grau de Comendador, conferidas pela Sociedade de Estudos de Problemas Brasileiros.

O ingresso de Cláudio Roque Buono Ferreira na Maçonaria se fez por meio da Iniciação na ARLS Comércio e Ciências – 678, em 14 de outubro de 1980. Desde então, tem sido um dedicado praticante da Arte Real. Em sua jornada maçônica, ocupou todos os cargos em Loja Simbólica. No Grande Oriente de São Paulo, foi Deputado Estadual, Grande Secretário Adjunto de Relações Públicas, Grão-Mestre Adjunto e eleito Grão-Mestre do GOSP para a gestão 2003/2007. No Grande Oriente do Brasil, foi Deputado Federal e membro da Comissão de Redação da Soberana Assembleia

Federal Legislativa, Grande Secretário Geral de Cultura Adjunto para a Região Sudeste e Grande Secretário Geral de Relações Exteriores Adjunto para a América Central e Caribe. Foi Garante de Amizade do Grande Oriente do Brasil junto à Gran Logia de la Masoneria Del Uruguay e Garante de Amizade do Grande Oriente do Brasil junto à Gran Logia de La Masoneria da Guatemala. Maçonicamente, integra o Grande Oriente de São Paulo, como Membro Ativo da ARLS Jacques De Molay – 2778 e da ARLS Paul Harris – 2146.

Em reconhecimento ao trabalho maçônico que Cláudio Roque Buono Ferreira vem fazendo, inúmeras Lojas simbólicas do Grande Oriente de São Paulo conferiram-lhe o título de Membro Honorário e Venerável de Honra, bem como Lojas de outras unidades da Federação do Grande Oriente do Brasil.

Internacionalmente, foi Membro Correspondente da Loja de Pesquisas Maçônicas Quatuor Coronati Lodge nº 2076 e Membro Honorário da ST. Georges Lodge nº 5561, ambas jurisdicionadas à United Grand Lodge of England (Londres). Membro Honorário da Gran Logia Simbolica Del Paraguay e também do Supremo Consejo Escoces, bem como da Logia Berrnadino Caballero nº 13, todos Corpos Maçônicos localizados em Assunção, Paraguai. Membro da Loja M. A. Mozart – 45, de Roma (Itália). Gran Caballero Comendador Del Priorato de España e Membro Honorário da Respeitável Loja "Nova Avalon" – nº 59 da G.L.L.P/G.L.R.P.

Recebeu o título de Grão-Mestre de Honra da Grande Loja Regular de Portugal. Membro Honorário da Grande Loja de Maçonaria do Uruguai. É ainda Membro de Honra da Grande Loja Fraternidade Atlântida — 1267, da Grande Loja Nacional Francesa — França; Membro Honorário da Loja Igualdade Assunção do Paraguai; Membro Honorário da Grand Lodge of A.F. & A.M. of the State of Illinois; e Membro Honorário da Gran Logia de La Argentina de Libres y Aceptados Masones.

Entre inúmeras láureas maçônicas recebidas no Brasil, Cláudio Roque Buono Ferreira é portador da Medalha e Diploma "Gonçalves Ledo" do Grande Oriente de São Paulo; Medalha de Ouro e Diploma do Grande Oriente de Minas Gerais, Medalha do Cinqüentenário e Diploma do Grande Oriente do Paraná; Medalha e Diploma de Grande Benemérito do Grande Oriente do Brasil; Medalha e Diploma de Benemérito, conferido pela Delegacia Litúrgica do

Estado do Espírito Santo; e da Medalha e do Diploma do Mérito Montezuma, outorgado pelo Supremo Conselho do Brasil para o Rito Escocês Antigo e Aceito.

Realizando um árduo trabalho de integração internacional, já cumpriu, pessoalmente, missões maçônicas em Portugal, Grécia, França, Inglaterra, Argentina, Chile, Paraguai, Bolívia, Peru, Uruguai, Austrália, Nova Zelândia e Suíça.

É Membro Efetivo do Supremo Conselho do Brasil do Grau 33 para o Rito Escocês Antigo e Aceito. Amante dos ensinamentos maçônicos, participa também do Rito de York, onde atingiu a posição de Prior da Ordem de Malta e Past-Preceptor da Ordem do Templo.

Devido a seu interesse na juventude para construir o futuro, Cláudio Roque Buono Ferreira foi solicitado a integrar o Supremo Conselho da Ordem De Molay para o Brasil, na condição de Membro Honorário.

Motivado ao registro da história e da tradição maçônica, permitindo às gerações vindouras mais uma autêntica fonte de pesquisa, já publicou dez livros abordando temas da Sublime Instituição, conforme os títulos a seguir descritos: *Manual Heráldico do Rito Escocês Antigo e Aceito (volumes 1 e 2), Amizade — A primeira Loja Maçônica na História de São Paulo, Grande Oriente de São Paulo: 75 anos — síntese de sua história,* estes produzidos em coautoria com José Castellani. *Os Templários no 3º Milênio* e *Os Templários 2002,* ambos produzidos em coautoria com David Caparelli. *Maçonaria e Museu, Supremo Conselho do Brasil para o Rito Escocês Antigo e Aceito (Templos Escoceses, Museu, Pinacoteca e Biblioteca),* ambos de exclusiva autoria. *Além do que se vê* e *Além do que se Ouve,* ambos em coautoria com Wagner Veneziani Costa.

A intensa atividade benfeitora, cultural e literária de Cláudio Roque Buono Ferreira conduziu-o de uma maneira natural e singela a participar como membro da Associação Beneficente e Cultural Consciência (São Paulo), da Sociedade Filantrópica e Beneficente Os Templários (São Paulo), da Academia Maçônica Paulista de Letras (São Paulo), da Academia Maçônica de Ciências, Artes e Letras (São Paulo) e da Academia Municipalista de Letras do Brasil (Campo Grande). Atualmente é membro da Academia Maçônica de Ciências, Artes e Letras do Grande Oriente do Brasil. Foi eleito Grão-Mestre Geral Adjunto do Grande Oriente do Brasil para a gestão 2008/2013, estando em exercício.

WAGNER VENEZIANI COSTA, brasileiro, nasceu em 25 de agosto de 1963. É virginiano com ascendente em Virgem e Lua em Escorpião. Em 31 de agosto de 1991, casou-se com Sonia Veneziani Costa. Desta união, nasceram suas duas filhas: Barbara Veneziani Costa (Saraswatti) e Giovanna Lakshimi Veneziani Costa. É Bacharel em Direito, formado nas Faculdades Metropolitanas Unidas (FMU/SP). Cursou Administração, Economia e Contabilidade na Faculdade Osvaldo Cruz (Incompleta). Como jornalista (MTB 35032), foi Secretário do Conselho Deliberativo da Associação dos Profissionais de Imprensa de São Paulo (APISP).

Em sua trajetória, participou de diversos cursos: Inglês, por quatro anos, no CCAA; Curso de Constitucionalista, pelo Instituto Pimenta Bueno; Marketing e Planejamento, pela Fundação Getulio Vargas (FGV); E-Business, pela ADMB, e Oratória.

Desde sua juventude, Wagner Veneziani Costa demonstrou interesse em se aprofundar nos estudos das questões ligadas à espiritualidade, em seu sentido amplo. Daí, tornou-se Mestre Terapêutico (CRT 31626). É Mestre Reiki, estando plenamente capacitado a iniciar nos níveis I, II e III, nos sistemas Tradicional, Japonês, Usui, Tibetano, Osho e Kahuna. Também cursou Reflexologia, Cromoterapia, Quiromancia e Quirologia, Numerologia, Shiatsu, Massagem Psíquica e Tarô.

Sua principal atividade é a de presidente e editor-geral da Madras Editora, mas é atuante em diversas atividades paralelas.

Em 1994, por exemplo, ingressou na Maçonaria (GOB) e a partir daí atuou como Mestre de Cerimônias (1995), Orador (1997), Deputado Federal (1999), chegando a Mestre Instalado em 2001; Venerável da Loja Madras nº 3359; Recebeu a honraria de Garante de Amizade (Ancient Free and Accepted Masons of Texas), honraria esta conferida pela The Grand Lodge of Texas, em 27 de agosto de 2002. É Membro Correspondente da Loja de Pesquisas Maçônicas Quatuor Coronati Lodge nº 2076 (Inglaterra). É M.A.D.E. Grande Senescal do Grande Priorado do Brasil; Past Terceiro Grande Principal do Supremo Capítulo do Arco Real do Brasil e Grão-Mestre da Grande Loja de Mestres Maçons da Marca do Brasil. Membro Efetivo do Supremo Conselho do Grau 33 do REAA da República

Federativa do Brasil e portador da maior comenda do Grau 33, Medalha Montezuma. Secretário Geral de Planejamento do GOB (2008–2013). Atualmente, é Secretário Geral de Educação e Cultura Maçônicas do GOB e M.A.D.E. Cavaleiro Grande Senescal do Grande Priorado do Brasil. Em 1995, passou a fazer parte da Fraternidade Rosa Cruz – Amorc e da T.O.M. (Tradicional Ordem Martinista). Foi membro da Ordo Templi Orientis (OTO), tornando-se Frater, e recebeu seu nome oculto provindo de Vênus (Fiat W Lux 11), sendo desta forma um Guardião da Luz. Foi batizado no Hinduísmo, também recebendo seu verdadeiro nome, e tem Ganesha como sua grande Deidade. É Xamã, iniciado em Machu Picchu, no ano de 1998, convivendo com os Feiticeiros Incas durante 21 dias na floresta. Estuda Feitiçaria, Bruxaria entre outras ciências Herméticas e Ocultas.

Por sua frequente ação participativa em diversos segmentos, Wagner Veneziani Costa recebeu várias láureas, dentre as quais se destacam: Grã-Cruz, pela Ordem Civil e Militar Cavaleiros do Templo – 1996; Grau de Comendador, pela Associação Brasileira de Arte, Cultura e História – 1998; Grau de Comendador, pela Soberana Ordem de Fraternidade Universal – 1999; Grão-Mestre de Cultura, pela Sociedade de Estudos de Problemas Brasileiros. É, ainda, Baba Elegan – Cargo espiritual. Em 2003, passou a ser Membro do Ilustre Conselho Estadual do GOSP e foi empossado como Grande Secretário de Cultura e Educação Maçônicas do Grande Oriente de São Paulo (Gestão 2003/2007). É membro honorário de 118 Lojas Maçônicas e Venerável de Honra. É portador da Comenda Gonçalves Ledo, do GOSP.

Foi nomeado vice-presidente da Academia Maçônica Paulista de Letras; É membro da Academia de Artes, Ciência e Cultura do Grande Oriente do Brasil – GOB.

Aos 16 anos, Wagner Veneziani Costa já mostrava ser um escritor nato, pois em tenra idade já discorria sobre os mais variados temas. Logo, tornou-se escritor permanente e é autor de diversas obras, das quais podemos mencionar: *Arqueômetro* – Comentários e adaptação; *Contratos – Manual Prático e Teórico*; *Exame de Ordem*; *Dicionário Jurídico*; *Cálculos Trabalhistas*; *Lei do Inquilinato* – Comentários; *Código do Consumidor* – Comentários; *Inventário e Partilha*; *Direito Falimentar*; *Direito Civil – Perguntas e Respostas*; *Lições de Tai Ji Jian – Com Espada*; *Modelos de*

Contrato, Recibos, Procurações e Requerimentos; Filosofia Americana; Almas Gêmeas; Aromaterapia – A Magia dos Perfumes; Diário de Magia; Pompoarismo e Tantrismo; O Livro Completo dos Heróis Mitos e Lendas – Compilação; *Iniciação à Umbanda; Orixás na Umbanda e no Candomblé; Os Sete Mestres da Grande Fraternidade Branca; Mahabharata – Poema Épico Indiano; O Mundo Encantado dos Orixás; Tarô do Cigano* – com 36 cartas coloridas; *Tarô Encantado dos Gnomos; Tarô dos Anjos; Maçonaria – Escola de Mistérios – A Antiga Tradição e Seus Símbolos; Além do que se Ouve* (com Cláudio Roque Buono Ferreira)*; e Palavras de Sabedoria.* Não podemos deixar de mencionar o sucesso estrondoso do *Manual Completo para Lojas Maçônicas.*

Em breve, os leitores tomarão contato com outras obras de autoria de Wagner Veneziani Costa, as quais se encontram no Prelo. São elas: *A Antiga Franco-Maçonaria – Rituais e Cerimônias; A Maçonaria Mística – Visão Esotérica e Oculta; Iniciação Maçônica; Guia de Magia e Bruxaria; Datas Comemorativas do Brasil,* que serão lançados ainda este ano.

Mantém um blog: <http://blog.madras.com.br>.

Leitura Recomendada

Maçonaria – Escola de Mistérios
A Antiga Tradição e Seus Símbolos
Wagner Veneziani Costa

Em *Maçonaria – Escola de Mistérios – A Antiga Tradição e Seus Símbolos*, Wagner Veneziani Costa apresenta esse universo de Mistérios por meio de uma compilação de textos de autores consagrados, como J. D. Buck e Oswald Wirth, além de fontes como Albert Pike, Saint-Ives d'Alveydre, Eliphas Levi, Fabre d'Olivet, Helena Blavatsky, A. Leterre, C.W. Leadbeater, entre outros.

Além do que se Ouve
Metáforas, Parábolas e Canalizações
Cláudio R. Buono Ferreira e Wagner Veneziani Costa

Após o grande sucesso de Além do que se Vê, Cláudio Roque Buono Ferreira e Wagner Veneziani Costa trazem aos seus leitores mensagens de otimismo e confiança, desta vez em Além do que se Ouve.

Por Dentro do Arco Real
Richard Sandbach

Em Por Dentro do Arco Real — obra dedicada a todos os maçons que ingressaram no Arco Real — Richard Sandbach mostra um apanhado dos discursos efetuados entre os anos de 1978 e 1990, durante as reuniões anuais das Províncias de Northamptonshire e Huntingdonshire. Naquela época, ele era o Mui Excelente Superintendente Provincial.

Além da Maçonaria Simbólica
Keith B. Jackson

Além da Maçonaria Simbólica foi escrito com o intuito de ampliar a visão do maçom em relação aos diversos Graus existentes por meio da exploração da história das diversas Ordens Maçônicas atualmente operantes na Inglaterra.
A obra também apresenta um quadro comparativo dos Graus trabalhados na Inglaterra, EUA, Escócia e Irlanda.

VISITE NOSSO SITE: www.madras.com.br

Leitura Recomendada

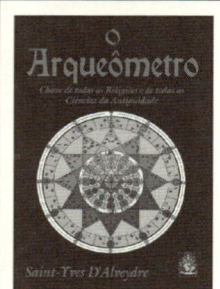

O Arqueômetro
Chave de todas as religiões e de todas as ciências da antiguidade

Saint-Yves D'Alveydre

Nas páginas deste livro, Saint-Yves D'Alveydre faz uma análise profunda do Arqueômetro, um instrumento pelo qual as relações das letras e das cores são determinadas cientificamente.

Matrix
Bem-vindo ao Deserto do Real

William Irwin

Em *Matrix — Bem-vindo ao Deserto do Real*, acadêmicos experientes desvendam a Matrix. Eles decodificam os elementos formadores do filme, a Matrix da Matrix, a matéria-base a partir da qual o filme foi concebido, partindo de uma série de associações fantásticas imersas nesse intrincado trabalho de arte.

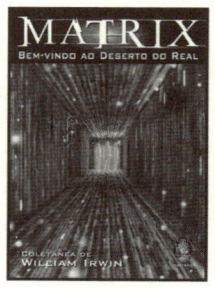

O Livro de Hiram
Maçonaria, Vênus e a Chave Secreta para a Revelação da Vida de Jesus

Christopher Knight e Robert Lomas

Baseados em evidências arqueológicas, na Bíblia e em antigas versões dos rituais maçônicos, os autores reconstruíram a longa e esquecida história contida nos rituais da Maçonaria e a apresentam em *O Livro de Hiram*.

Dante, O Grande Iniciado
Uma Mensagem para os Tempos Futuros

Robert Bonnell

Em Dante, O Grande Iniciado, Robert Bonnell consegue, apesar das infinitas obras existentes a respeito de Dante Alighieri, trazer algo inédito, abordado sob um novo ponto de vista, daquele que tanto fascinou e que ainda hoje fascina muita gente.

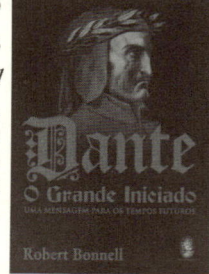

VISITE NOSSO SITE: www.madras.com.br

Leitura Recomendada

Coleção Mestres do Esoterismo Ocidental

As obras fazem parte da Coleção Mestres do Esoterismo Ocidental, que tem o intuito de disponibilizar ao público de língua portuguesa várias antologias de autores consagrados do Esoterismo.

O Grau da Marca
David Mitchell

O Grau da Marca é um livro indispensável aos Mestres Maçons de qualquer Rito ou Grau que queiram aprofundar seus conhecimentos sobre o maravilhoso universo da Maçonaria da Marca.

VISITE NOSSO SITE: www.madras.com.br

Leitura Recomendada

O Livro Completo da Filosofia
James Mannion
Neste livro, você conhecerá os grandes sábios, desde os pré-socráticos da antiga Milésia até os pensadores do século XX. O Livro Completo da Filosofia é um verdadeiro curso de filosofia com idéias contemporâneas, voltado para o público jovem.

Nascidos do Sangue
Os Segredos Perdidos da Maçonaria
John J. Robinson
Baseado em anos de pesquisa meticulosa, este livro revela os últimos mistérios remanescentes dos maçons, suas palavras sagradas, seus símbolos e suas alegorias cujos verdadeiros significados estiveram perdidos na Antiguidade.

Guardião da Meia-Noite, O
Por Honra e Glória do Criador de tudo e de todos
Rubens Saraceni
Ao ler esta obra, você estará entrando num mundo que deve ser sentido, explorado e vivido e que tem a intenção de fazê-lo evoluir na sabedoria do conhecimento Divino.

O Mistério de Sírius
Novas evidências científicas de contato com alienígenas há 5 mil anos
Robert Temple
Nas pesquisas que fez sobre os mitos egípcios, gregos e sumérios, Robert Temple demonstra que alguns desses povos possivelmente tiveram noção da existência de uma estrela escura e densa, talvez associada a Sírius.

VISITE NOSSO SITE: www.madras.com.br

MADRAS Editora® CADASTRO/MALA DIRETA

Envie este cadastro preenchido e passará a receber informações dos nossos lançamentos, nas áreas que determinar.

Nome _____
RG _____ CPF _____
Endereço Residencial _____
Bairro _____ Cidade _____ Estado ____
CEP _____ Fone _____
E-mail _____
Sexo ❑ Fem. ❑ Masc.   Nascimento _____
Profissão _____ Escolaridade (Nível/Curso) _____

Você compra livros:
❑ livrarias   ❑ feiras   ❑ telefone   ❑ Sedex livro (reembolso postal mais rápido)
❑ outros: _____

Quais os tipos de literatura que você lê:
❑ Jurídicos   ❑ Pedagogia   ❑ Business   ❑ Romances/espíritas
❑ Esoterismo ❑ Psicologia ❑ Saúde   ❑ Espíritas/doutrinas
❑ Bruxaria   ❑ Autoajuda   ❑ Maçonaria   ❑ Outros:

Qual a sua opinião a respeito dessa obra? _____
_____

Indique amigos que gostariam de receber MALA DIRETA:
Nome _____
Endereço Residencial _____
Bairro _____ Cidade _____ CEP _____

Nome do livro adquirido: *ALÉM DO QUE SE VÊ*

Para receber catálogos, lista de preços e outras informações, escreva para:

MADRAS EDITORA LTDA.
Rua Paulo Gonçalves, 88 — Santana — 02403-020 — São Paulo/SP
Caixa Postal 12183 — CEP 02013-970 — SP
Tel.: (11) 2281-5555 — Fax.:(11) 2959-3090
www.madras.com.br

Este livro foi composto em Times New Roman, corpo 11/12.
Papel Polen 80g –
Impressão e Acabamento
HR Gráfica e Editora – Rua Serra de Paracaina, 716
Moóca – São Paulo/SP CEP: 03107-020 – Tel.: (11) 3341-6444
e-mail: hrgrafica@uol.com.br